KB117674

다르게 보는 힘

트리즈 [TRIZ : Teoriya Resheniya Izobretatelskikh Zadach]

"창의적으로 문제를 해결하는 이들에게는 공통된 사고 패턴이 있지 않을까?"라는 의문으로부터 시작되어 개발된 창의적 문제 해결법이다. 주어진 문제에서 얻을 수 있는 가장 이상적인 결과를 정의하고, 그 결과를 얻기 위해 필요한 근원적인 모순을 찾아낸 후 해결책을 도출하도록 유도하는 원리이다.

1946년 이래 200만 건의 사례를 분석한 데이터을 바탕으로 하고 있으며, 천재들의 생각 패턴과 동일한 원리이자 백만 불짜리 생각 정리법으로도 유명하다. 특히 국내에서는 삼성전자의 창조 경영 비밀병기로 알려지기 시작했으며 시장을 선도하는 기업들이 앞다투어 도입하는 '경영혁신도구'로 주목받고 있다. 트리즈를 다룬 기존의 책들은 기업 활동에 한정된 사례와 모델 위주의 내용이 대부분이었다. 반면 『다르게 보는 힘』에서는 국내 최초로 자금난, 부부 싸움, 왕따, 자녀 교육 등 친근하고 공감되는 개인의 문제를 트리즈로 다루어 독자들의 호응을 얻고 있다.

처음 시작하는
관점 바꾸기 연습

다르게
보는 힘

이종인 지음

다산
북스

『다르게 보는 힘』은 실존 인물들의 실제 사례를 스토리텔링한 책입니다. 저자인 제가 홍 팀장이라는 캐릭터를 빌려 우리의 일상생활에서 발생하는 문제들을 '트리즈'라는 생각법으로 해결해나가는 과정을 담았습니다.

그 누구도 문제를 피할 수는 없습니다. 우리가 아무리 애써도 문제는 항상 발생하고 하나의 문제를 해결하기도 전에 다른 문제들이 쌓여갑니다. 겹겹이 쌓인 문제를 어디서부터 해결해야 할지 엄두가 나질 않습니다. 하지만 하늘 아래 새로운 문제는 없습니다. 문제를 해결하는 사람만이 다릅니다. 문제를 뒤집어 볼 줄 아는 사람은 새로운 답을 찾아낼 수 있습니다. 자신만의 통찰을 길러 보이지 않는 문제의 맹점을 발견해야 일상의 어떠한 문제에도 적용 가능한 생각의 지름길로 들어설 수 있습니다. 바로 이 일을 돕는 생각법이 트리즈입니다.

트리즈는 러시아의 알츠슐러[Genrich Altshuller] 박사가 개발한 '창의적 문제 해결을 위한 생각법'입니다. 200만 건 이상의 세계 특허를 분석한 후 창의적이라고 인정되는 특허들의 공통점을 추출해 정리한 것으로, 가장 이상적인 결과를 얻기 위해 필요한 근원적인 모순을 찾아 해결책을 유출해내는 사고 원리입니다. 또한 책에서 유일하게 실명으로 등장하는 인물인 김익철 선생은 저의 트리즈 스승이자 전 한국트리즈협회장으로 국내에 처음으로 트리즈를 도입하고 1996년부터 현재까지 트리즈 전문가 2200여 명을 양성한 트리즈 전도사입니다.

트리즈를 다룬 기존의 책들은 전문용어 때문에 내용 자체가 어려웠습니다. 실생활보다는 기업 활동에 한정된 사례와 모델 위주로 다뤄져 왔습니다. 하지만 저는 트리즈를 알면 일상생활에서 맞닥뜨리는 개인적인 문제도 해결할 수 있을 거라 확신했습니다. 많은 문제를 안고 삶을 살아내고 있는 사람들이 스스로 문제를 해결할 수 있도록 돕고 싶었습니다. 그래서 자금난부터 부부 싸움, 왕따, 자녀 교육까지 친근하고 공감되는 주위 사람들의 문제를 개인의 시선으로 하나씩 해결해나갔고 그 과정을 이 책에 고스란히 담았습니다.

문제를 쌓아두는 사람은 늘 시간이 부족하고 스트레스와 절망감에 갇혀 지낼 수밖에 없습니다. 반면 그때그때 문제를 해결하는 사람은 늘 활기와 자신감이 넘치고 시간적, 경제적 여유가 생깁니다. 이러한 여유는 다시 일상의 문제를 해결할 수 있는 자원이 되어 행복한 인생의 선순환 구조를 만듭니다. 이를 위해서는 지금 나를 괴롭히고 있는 문제부터 단호하게 끊어낼 줄 알아야 합니다. 이 책이 여러분의 문제에 대한 인식을 바꾸고 문제 해결 능력을 획기적으로 향상시킨다면 그보다 더 보람 있는 일은 없을 것입니다.

2016년 5월

이종인

차례

책을 읽기 전에 4

PART **모든 것은 문제에서 시작된다**
1 생각의 그물을 치는 연습

CHAPTER 1
문제를 해결하는 직선 코스는 없다 … 원인을 뒤집는 생각의 그물 치기

홍 팀장의 속사정 13

채권 회수율을 높이는 방법 17

다 기분 탓이겠지 21

문제는 어디에나 있다 24

미로에 갇힌 느낌 29

트리즈를 만나다 33

수직이 아닌 수평 38

문제의 원인과 해결 수단 46

해결의 실마리를 찾아서 49

믿는 도끼에 발등 찍힌다 54

따뜻한 금융인 58

CHAPTER 2

관점을 바꿔 문제를 의심하라 … 본질에 한발 다가서는 모순도 그리기

관점의 오류   63

관점을 바꾸면 새로운 문제가 보인다   69

하늘 아래 새로운 문제는 없다   73

투명인간 이야기   78

세상에 없는 아이   81

호가호위(狐假虎威)   85

끝까지 포기하지 않겠습니다   91

풍파를 건너는 삶   94

하늘이 준 기회   98

제주에서 커피나무가 자란다고?   102

인건비와 난방비를 해결하라   106

당연한 사실을 의심하라   110

트리즈? 트리즈!   113

CHAPTER 3

문제에서 기회를 발견하라 … 모두가 행복해지는 트리즈 활용법

COREA COFFEE의 문제 해결 키워드   119

사람들이 흔히 하는 여덟 가지 잘못   122

그렇게 갈등은 시작되고   125

어른아이   128

차도살인이란?   131

마음속에 있는 어른을 깨워라   133

문제를 만들어라   138

문제에서 답을 찾으려는 문제   142

문제가 있으면 기회도 있다   145

세상은 넓고 문제는 많다   148

PART
2

모든 문제는 반드시 해결된다
2박 3일 실전 트리즈 여행

CHAPTER 4

문제 있는 삶들이 모이다 ⋯ 여행 1일차

거대한 벽을 돌아가다 156

트리즈 여행을 신청하다 159

수긍하면 기적이 찾아온다 163

부정이 아닌 긍정 166

불가능의 '불' 자를 태우면 '가능'이 된다 170

왜 하필 나인가? 173

문제에서 답을 찾지 마라 176

트리즈는 이미 시작됐다 180

CHAPTER 5

뒤집어서 문제를 바라보라 ⋯ 여행 2일차

모순을 제거하라 185

신뢰는 어디에서 오는가 189

하나를 주고 둘을 얻는다 193

커피 하면 제주도 197

위기와 기회는 동전의 양면 201

207호 여학생 문제 204

안정과 불안정의 문제 208

환상의 궁합 211

사업은 사람을 남기는 것 215

문제를 해결하는 가장 빠른 길 218

한라산 제1횡단도로 제설 문제 220

나만의 창조적 문제 해결 방법을 찾아라 223

소극적 해결에서 적극적 해결로 226

제주도의 마지막 밤 229

CHAPTER 6

삶이 행복해진다 … 여행 3일차

남의 문제와 자신의 문제 233

문제 속에 길이 있다 237

상대방의 문제로 나의 문제를 해결하다 240

모순의 관점 243

생각은 말의 지배를 받는다 245

비즈니스란 가치를 파는 것이다 248

생각의 지름길 찾기 251

자, 손톱을 보세요 256

문제를 해결하는 것은 행복해지기 위한 것이다 260

문제 해결 천재가 된 홍 팀장 263

김익철 선생의 답장 267

PART

1

모든 것은
문제에서 시작된다

생각의 그물을 치는 연습

문제를 해결하는
직선 코스는 없다

:

**원인을 뒤집는 생각의
그물 치기**

홍 팀장의 속사정

정확히 6개월 전이었다.

홍 팀장은 아침 회의가 끝나자 커피를 마시며 잠시 숨을 돌렸다. 마우스를 움직여 절전 상태의 모니터를 켰다. 한·중·일 정상 회담에 관한 기사와 두산 베어스 야구팀이 14년 만에 우승했다는 기사를 연달아 클릭했다. 유명 연예인이 이혼했다는 기사에는 악성 댓글이 수도 없이 달렸다. 홍 팀장은 며칠째 예의 주시했던 채권 추심 건이 잘 마무리됐다는 보고를 받으며 콧노래를 흥얼거렸다. 그러나 단 한 통의 전화로 인해 모든 것이 송두리째 바뀌었다.

홍 팀장은 이 사장의 얼굴이 지금도 눈에 선하다. 평생 월급쟁이로 살았던 이 사장은 퇴직금과 신용보증재단을 통해 받은 대출금으로 사업을 시작했다.

"사업은 처음이지만 인생 경험도 있고 아는 사람들도 많으니 반드시 성공할 겁니다."

하지만 이 사장의 사업은 생각처럼 잘 되지 않았다. 거기에 동업자에게 사기를 당하는 불운까지 겹쳤다. 결국 부도가 난 이 사장은 홍 팀장을 찾아왔다. 그러나 홍 팀장으로서도 어쩔 수 없는 일이었다. 사정이 딱한 건 알겠지만 뾰족한 대책이 없었다. 조금 더 생각해보자는 홍 팀장의 말에 실망스러운 얼굴로 돌아가는 이 사장이 안쓰러울 뿐이었다. 그런 이 사장이 자살했다는 소식을 듣고 홍 팀장은 한동안 아무 일도 할 수 없었다.

'나 때문이 아니야.'

하루에도 몇 번이고 이 사장이 생각났다. 이 사장의 죽음은 안타까운 일이지만 그것이 홍 팀장의 탓은 아니었다.

'부도가 나면 추심을 해야 한다. 그게 나의 일이다.'

홍 팀장은 애써 그렇게 자신을 위로했다.

수많은 사람이 돈 때문에 목숨을 끊는다. 정선 카지노가 생긴 이래 도박으로 재산을 날리고 자살하는 사람이 급격히 늘어났다고 한다. 오늘 아침에는 한 여대생이 보이스피싱으로 등록금을 다 날리고 자살했다는 뉴스를 봤다.

한편으로는 '왜 하필 이 사장이 나를 찾아왔을까' 하는 억울한 마음도 들었다. 여러 가지 핑계를 대보며 자신을 위로했지만, 여전히 마음이 편치 않았다.

"요즘 이상해. 홍 팀장답지 않아."

넋을 놓고 있다가도 누군가 그런 말을 할 때면 정신이 번쩍 들었다.

'그래, 나답지 않아, 나답지 않다고……. 그런데 나다운 건 뭘까? 홍팀장다운 게 뭐냐고.'

그날 이후 홍 팀장은 모든 것이 혼란스러웠다.

"도대체 왜? 갑자기 무슨 일이야?"

이 부장은 전후 사정도 묻지 않고 화부터 냈다. 원래 화를 잘 내는 성격이고 기분이 좋을 때는 칭찬도 화끈하게 하는 스타일이다. 윗사람 눈치 보지 않고 소신껏 일하며 아랫사람 잘 챙기는 이 부장을 홍 팀장도 믿고 따랐다. 이 부장도 그런 홍 팀장을 누구보다 잘 챙겨주었는데, 그래서 더 화를 내는 것이다.

그동안 홍 팀장은 기업의 신용도를 평가해 신용보증을 지원하거나 채권 추심을 수행하는 업무를 했다. 신용평가를 통해 재단에서 신용보증서를 발급해주면, 기업은 금융기관으로부터 자금을 지원받을 수 있다. 홍 팀장은 경제적 어려움을 겪고 있거나 담보가 부족한 기업이 신용보증을 통해 성장하는 모습을 보며 보람을 느꼈다.

그런데 가끔 문제가 발생했다. 대출자 중 일부가 사업에 실패해 돈을 갚지 못했다. 그러면 어쩔 수 없이 추심 업무를 진행해야 한다. 돈을 빌렸으면 갚는 게 당연하다. 그러나 사업에 실패해 절망한 사람들을 독촉하는 건 힘든 일이다.

"서귀포 지점에 지원했다는 말, 사실이야? 말해 봐."

"네, 부장님. 사실입니다."

이 부장이 잠시 눈을 감고 한숨을 쉬었다.

"제정신이야? 당장 취소해."

"죄송합니다, 부장님."

"별 탈 없이 일 잘하던 놈이 왜 그래? 너 그러라고 팀장 달아준 거 아니야, 알아?"

"잘 알고 있습니다. 그래서 부장님께 더 죄송합니다."

홍 팀장이 제주신용보증재단에서 '최초의 20대 팀장'이라는 기록을 세우며 승승장구할 수 있었던 이유 중 하나가 바로 이 부장이었다. 이 부장의 완벽한 업무 스타일과 카리스마는 홍 팀장이 닮고 싶은 자질이었기에 그를 벤치마킹했다. 5년 동안 채권 회수율 전국 1위를 네 번이나 차지한 홍 팀장을 제일 먼저 축하해준 사람 역시 이 부장이었다. 홍 팀장도 그런 이 부장을 실망시키지 않았다. 사실 초고속으로 승진하며 윗사람들의 기대를 한 몸에 받는 홍 팀장을 말없이 질투하는 사람도 많았다. 심지어 홍 팀장이 이 부장의 먼 친척이라는 소문이 돌기도 했다. 홍 팀장은 그게 다 자신이 잘나서 그런 거라고 생각하며 아무렇지 않게 웃어넘겼다. 이 사장의 일이 있기 전까지는 말이다.

"알았으니 나가봐."

홍 팀장의 마음도 편할 리 없었다.

채권 회수율을 높이는 방법

이 사장 사건으로 홍 팀장의 심경에 변화가 생겼다.

'어려운 기업과 사람들에게 신용보증을 서준다. 그들은 열심히 일해서 돈을 갚는다. 반대로 부도가 나면 채권 추심을 진행한다.'

그동안 당연하다고 생각했던 일들이었다. 신용보증재단이야말로 어려운 기업과 사람들에게 도움을 주는 최고의 금융 파트너라고 자부했다. 그러나 이 사장이 그렇게 된 후부터 모든 게 공허해지기 시작했다. 쉽게 잠들지 못했고, 밥도 잘 먹지 못했다.

'회수율도 중요하지만 그보다 사람이 더 중요한 거 아니겠는가.'

채권 회수율을 높이는 가장 쉬운 방법은 채무자에게 압력을 가하는 것이다. 압력을 가하면 가할수록 회수율이 높았다. 즉, 얼마만큼 채무자를 괴롭히느냐에 달린 것이다. 지금도 가장 많이 쓰이는 방법 중 하나다.

하지만 홍 팀장의 생각은 달랐다. 시대가 변했고 사람도 변했다. TV나 인터넷을 통해 정보를 공유하는 것은 물론, 마음만 먹으면 관련 법지식 또한 전문가 못지않게 쌓을 수 있는 세상이다. 이제는 어쭙잖은 압력은 통하지 않는다. 그래서 홍 팀장은 채무자에게 압력을 가하는 대신 채무자가 가진 문제를 함께 고민하며 엉킨 실타래를 풀어주려고 노력했다. 이 사장 때도 마찬가지였다.

'조금만 더 생각해보자고 했는데……'

홍 팀장은 의욕적으로 사업을 시작했지만 생각대로 일이 풀리지 않아 어려움을 겪는 사람들을 많이 봐왔다. 그들의 사례를 반면교사 삼아 채무자들의 문제를 해결해주었다. 이때 가장 중요한 건, 채무자들이 속사정을 털어놓을 수 있도록 유도하는 것이다. 채무자들은 가족에게도 사정을 솔직히 이야기하지 못하는 경우가 많았다. 홍 팀장은 그들이 자신의 문제를 숨김없이 말할 수 있도록 최대한 편의를 봐주었다. 이런 식으로 채무자들의 문제를 해결해주자, 회수율도 자연스럽게 올라갔다.

'문제를 해결하면 회수율은 저절로 올라간다.'

홍 팀장은 어려운 사람에게 압력을 가해 더욱 궁지로 모는 것이 아니라, 문제를 같이 고민하며 해결 방법을 찾았다. 그 누구보다 채무자들의 문제를 잘 안다고 자부했던 홍 팀장이었다. 그런데 이 사장은 왜…….

"팀장님, 왜 이렇게 땀을 흘리세요?"

"팀장님, 팀장님?"

홍 팀장은 정신을 차리고 주위를 둘러봤다. 팀원들이 홍 팀장을 향해 뭔가 말하고 있었지만 잘 들리지 않았다. 손발이 저리고 등에서 식은땀이 났다. 마비가 온 것처럼 몸을 움직일 수 없었다. 자꾸 숨이 찼다. 내색하지 않으려고 애쓸수록 심장이 터질 듯이 뛰었다.

"잠깐 쉬었다 하지."

홍 팀장은 회의실 문을 열고 나왔다.

"홍 팀장, 무슨 일 있어? 얼굴도 안 좋고 넋이 나간 사람 같아."

"그러게, 요즘 자주 조는 것 같던데 어디 안 좋은 거 아니야? 병원에 한번 가봐."

홍 팀장은 아무 일 없다는 듯 애써 웃었다. 책상 서랍을 열자 며칠 전 약국에서 받아온 약이 놓여 있었다. 약 봉지를 한참동안 물끄러미 바라봤다.

'공황장애라니……'

조기 축구회에 매주 빠지지 않을 정도로 운동도 열심히 했다. 긍정적이고 밝은 성격 덕에 언제나 큰 걱정 없이 지내왔다. 공황장애라는 말은 연예인이나 먼 나라 사람들의 이야기인 줄만 알았다.

'내가 너무 나약해진 건가. 아니야, 금방 나아질 거야.'

그러나 괜찮아진 듯하다가도 느닷없이 나타나는 증상은 홍 팀장을 무기력하게 만들었다. 심전도 검사와 혈액 검사 등 여러 검사를 받았지만 언제나 결과는 '이상 없음'이었다. 그렇다면 갑자기 죽을 것만 같은 이 불안과 고통의 원인은 뭘까.

"정신이 나약해서 그런 게 아닙니다. 강한 마음으로 이겨내야 한다는 생각은 병을 더 키웁니다. 약물 치료와 인지행동 치료를 꾸준히 해야 합니다."

의사는 공황장애로 직장을 그만두거나 알코올 중독, 약물 남용에 빠지는 여러 사례를 들려주며 혼자 해결하려 하지 말고 반드시 치료를 받아야 한다고 말했다. 그 후, 홍 팀장은 병원에서 주기적으로 치료를 받으며 약도 꼬박꼬박 챙겨 먹었다. 발작의 횟수는 점점 줄어들었지만, 어느 순간 불시에 찾아올지 모른다는 생각 때문에 하루하루가 불안했다. 뭔가 결단을 내려야겠다고 생각했을 때, 마침 서귀포 지점 신용보증부에 자리가 났다는 소식을 들었다.

'채권 관리보다 보증 쪽 일이 그나마 낫겠지.'

홍 팀장은 한 치의 망설임도 없이 지원했다. 떠나기 전날 짐을 싸고 있는 홍 팀장에게 이 부장이 다가왔다.

'뭔가 또 한소리 크게 하시겠지.'

그러나 이 부장은 홍 팀장의 어깨를 다독이며 말했다.

"무슨 사정인지는 모르지만 자네를 놓친 걸 후회하게 하라고, 잘하란 말이야."

홍 팀장은 자리로 돌아가는 이 부장의 뒷모습을 바라보며 고개를 숙였다. 고맙고 죄송한 마음뿐이었다.

다 기분 탓이겠지

"정말? 축하해."

홍 팀장은 서귀포 지점으로 발령받았다는 소식을 제일 먼저 여자 친구 지혜에게 말했다. 그동안의 고민과 걱정을 누구보다 잘 알고 있던 그녀였다. 항상 불안하고 초조해하는 홍 팀장에게 병원에 가자고 먼저 나선 것도 지혜였다. 홍 팀장은 늘 자신의 말을 잘 들어주고 함께 고민해주는 그녀가 고마웠다. 발령 소식을 들었을 때도 제일 먼저 지혜 얼굴부터 떠올랐다.

그녀는 전화를 끊고도 한동안 축하한다는 문자메시지를 계속 보낼 만큼 진심으로 홍 팀장을 축하해주었다. 출근 전날인 어젯밤에도 잊지 않고 전화해주었다. 홍 팀장의 입가에 옅은 미소가 번졌다.

주차장에 차를 세운 홍 팀장은 한 번 더 백미러를 바라봤다. 흐트러진 머리카락을 다듬고 깊이 숨을 들이마셨다. 순간, 홍 팀장의 등에서 식은땀이 나기 시작했다. 공황장애란 녀석이 가슴에서 쑥 빠져나와 옆자리에 앉았다. 속이 메슥거리고 어지러울수록 녀석의 몸집이 더욱 커졌다. 금방이라도 홍 팀장을 집어삼킬 듯이 입을 벌렸다. 홍 팀장은 컵홀더에 있는 종이컵으로 코와 입을 가리고 천천히 숨을 쉬었다. 그러자 홍 팀장을 바라보던 녀석도 슬그머니 사라졌다.

"환영합니다, 팀장님."

사무실 문을 열자 제일 먼저 김 차장이 반갑게 인사했다. 뒤이어 다른 직원들도 웃으며 홍 팀장을 맞이해주었다. 홍 팀장은 직원들과 일일이 인사를 나눈 뒤 자리에 앉았다.

"신용보증재단의 자랑인 팀장님을 이렇게 모시게 되어 영광입니다."

사람 좋게 웃고 있는 김 차장의 모습에 홍 팀장은 한결 마음이 놓였다.

"자랑은 무슨 자랑."

"무슨 말씀이십니까? 보증재단 역사상 유례없는 초고속 팀장 승진, 채권 추심팀의 살아 있는 전설이 바로 팀장님 아니십니까."

홍 팀장은 웃으며 고개를 흔들었다. 그때 지점장실 문이 열렸다. 홍 팀장과 직원 모두 지점장에게 인사했다.

"홍 팀장, 내 방으로 좀 오지."

"네, 지점장님."

홍 팀장이 지점장실로 들어갔다. 지점장은 홍 팀장에게 가까이 와서

앉으라고 손짓했다.

"홍 팀장 이야기는 많이 들었네, 아무쪼록 잘 부탁하네."

"제가 잘 부탁드립니다, 지점장님."

"채권 추심팀에서 말들이 많아. 홍 팀장만한 인재를 만나기가 어디 쉽나. 쉽게 보내줄 리 없는데도 굳이 여기로 온 것을 보면 뭔가 말 못 할 사정이 있겠지."

그랬다. 처음 홍 팀장이 서귀포 지점으로 가고 싶다고 말했을 때, 한 바탕 난리가 났었다. 유머 감각과 사교성은 물론 신속하고 효율적인 업무 처리로, 그야말로 탄탄대로의 출셋길을 달리던 홍 팀장이었다. 다들 홍 팀장을 부러워했고 존경하는 이들도 있었다.

"자네 그동안 너무 무리했어. 마음 추스른다 생각하게. 참, 홍 팀장 이 온다고 하니 김 차장이 제일 좋아하더군. 잘 가르쳐 보게."

"네, 지점장님."

문을 열고 나오자 홍 팀장과 직원들의 눈이 잠시 마주쳤다. 조금 전 과 다른 눈빛이었다. 뭔가 알고 있는 듯했다. 그래도 어쩌겠는가. 이제 매일 봐야 하고, 같이 생활해야 할 사람들이었다.

'그래, 다 기분 탓이겠지.'

홍 팀장은 어색한 미소를 지으며 자리에 앉았다.

문제는 어디에나 있다

서귀포 지점에서의 첫 달은 정신없이 바쁘게 지나갔다. 시간이 어떻게 흘러갔는지 알 수 없을 정도였다. 업무를 익히고 많은 사람을 만나며 차츰 새 일터에 적응하고 있었다. 신용보증부라고 해서 어렵고 난처한 일이 없는 것은 아니었다.

'내 생각이 짧았군. 문제는 어디에나 있어.'

하지만 홍 팀장은 추심에 대한 강박 관념에서 벗어날 수 있는 것만으로도 마음의 부담감이 줄었다. 조기 축구회도 매주 빠지지 않고 나갔다. 새벽 공기를 마시며 공을 차는 동안에는 공황장애 증상이 나타나지 않았다. 등산도 많은 도움이 됐다. 쉬엄쉬엄 오름에 다니자고 제안한 것은 지혜였다.

오름에 오를 때마다 그동안 문제에 빠져 지냈던 자신을 발견했다. 홍 팀장을 찾아오는 사람 대부분은 부도가 나거나 실패한 사람들이었다. 그런 사람들의 이야기를 들으면서 자신도 모르게 문제 속으로 자꾸만 매몰됐다. 항상 문제를 풀기 위해 고민해야 했고, 그들의 입장에 감정 이입이 되어 우울한 날들을 보냈다. 물론 어려움을 겪는 사람들의 문제를 해결하면 뿌듯했다. 하지만 점점 주변의 모든 것이 문제투성이로 보이기 시작했다. 길을 가다 침을 뱉는 사람들의 문제, 오른쪽 깜빡이를 켜고 왼쪽으로 가는 운전자들의 문제, 지각하는 사람들의 문제 등 자신도 모르게 문제 속으로 빠져들었다.

"홍 팀장, 뭘 그렇게 중얼거리나?"

"네?"

"그 낙서는 또 뭐야?"

홍 팀장의 수첩은 낙서로 가득했다. 누군가 불러도 잘 듣지 못했고, 회의 중에도 다른 생각에 빠져 좀처럼 집중할 수 없었다. 이 사장의 죽음까지 겹치면서 홍 팀장은 당장이라도 주저앉고 싶은 심정이었다. 가능하다면 누군가 자신의 문제를 대신 풀어주기를 바랐다. 그래서 지푸라기라도 잡고 싶은 심정으로 서귀포 지점에 지원했던 것이다.

홍 팀장은 쉬는 날이면 지혜와 등산과 드라이브를 했다.

"제주가 이렇게 아름다웠나? 이제껏 왜 몰랐지."

"아름다우면 뭐해, 항상 옆에 있으니 소중한 줄도 모르는데.

지혜가 입을 삐죽 내밀었다. 문제에 빠져 살며 정작 지혜와 가족에게는 소홀했던 홍 팀장이었다. 홍 팀장은 슬쩍 지혜를 바라보며 웃었다.

서귀포에서 시간을 보내며 홍 팀장의 몸과 마음도 차츰 안정되고 있었다. 직원들도 홍 팀장을 잘 따랐고, 특히 김 차장은 무슨 일이든 앞장서 홍 팀장을 도왔다. 그런 김 차장이 부담스러울 때도 있었지만 지난날 이 부장과 자신의 모습이 떠올라 웃음이 났다.

"팀장님, 팀장님?"

김 차장이 의아한 눈으로 홍 팀장을 바라보고 있었다.

"무슨 생각을 그리하십니까?"

"아, 아무 일도 아니네."

"오전에 보고 드린 대로 길 사장도 만나고, 업체 몇 곳 더 둘러보고 오겠습니다."

"길 사장 상황은 좀 어때?"

"사정이 어렵다고는 하는데, 제 생각에 큰 문제는 없을 것 같습니다."

"그래야지, 잘 다녀오게."

김 차장이 꾸벅 인사를 하고 짐을 챙겨 나갔다.

금요일 오후라 그런지 홍 팀장도 왠지 모르게 기분이 들떠 있었다. 주말에는 부모님 댁에도 들르고, 지혜도 만나야 했다. 회식 때문에 지혜와의 약속을 어긴 일이 한두 번이 아니었다. 이번에는 어떤 핑계로 지혜의 잔소리를 피해야 할지 벌써 고민이었다.

서귀포 지점으로 출근한 후 며칠 동안 회식이 이어졌다. 그때마다 홍 팀장의 경력을 이야기하며 칭찬과 부러움을 내비치는 사람들 때문에 쑥스럽기도 하고 난처하기도 했다. 그 좋은 자리를 마다하고 왜 서귀포 지점으로 왔는지 다들 궁금해하는 눈치였다. 그러나 홍 팀장은 차차 말해주겠다며 자리를 피했다. 그럴수록 김 차장은 홍 팀장이 궁금했다. 상사이기 때문에 물어보지 못하고 있다는 것을 홍 팀장도 알고 있었다. 어차피 때가 되면 다 알게 될 거라고 생각했다.

"팀장님, 김 차장 전화입니다."

홍 팀장이 전화를 받았다.

"그래, 김 차장. 무슨 일인가?"

"팀장님, 큰일 났습니다."

김 차장의 말에 홍 팀장의 들뜬 마음이 금세 가라앉았다. 길 사장을 만나러 간 김 차장에게 큰일이라면 뭔가 심각한 문세임이 틀림없었다.

"길 사장이 잠적한 것 같습니다. 벌써 며칠 째 보이지 않는다고 합니다." 홍 팀장의 예상은 틀리지 않았다. 김 차장에게 서둘러 복귀하라고 말하고 전화를 끊었다. 별 탈 없이 한 주가 지나간다고 생각했지만 기어이 문제가 생기고 말았다.

길 사장은 건축물에 전기 설비나 배선 등을 공사하는 전기공사업체를 운영하고 있었다. 사람도 성실해 보였고 그동안의 사업 실적으로 미루어 봐도 큰 문제가 없었다. 그런데 왜 잠적을 했을까?

"사무실 문도 잠겼고, 전화도 받지 않습니다."

김 차장의 말에 홍 팀장은 잠시 눈을 감았다. 재단에서 보증을 서줬기 때문에 피해가 올 수도 있는 상황이다. 홍 팀장은 김 차장에게 길 사장 관련 서류를 모두 가져오라고 했다. 어떻게 해서든 해결 방안을 찾아야 했다. 다행히 서류를 검토한 결과 길 사장의 소유 부동산에 후

순위 근저당권이 설정되어 있었다. 이것을 경매로 넘기면 원금의 50퍼센트 이상은 회수할 수 있을 것이다.

"어떻게 할까요? 팀장님."

원칙대로라면 신속하게 법적 절차를 진행해서 재단의 손실을 최소화해야 한다. 그러나 홍 팀장은 잠시 망설였다. 이 사장이 떠올랐기 때문이다. 길 사장도 그렇게 되는 것은 아닐까? 불길한 예감에 눈앞이 캄캄했다.

미로에 갇힌 느낌

홍 팀장은 가슴이 답답했다.

"오늘은 늦었으니 이만 퇴근하게."

김 차장이 퇴근한 후에도 홍 팀장은 한동안 꼼짝하지 않았다. 재단의 손실을 최소화할 방법은 이미 나와 있다. 그러나 그것이 정말 재단의 손실을 최소화하는 길인지 확신할 수 없었다. 추심을 진행하는 것보다 문제를 같이 고민하고 해결하는 것이 재단의 손실을 막고, 나아가 사람도 살릴 방법이라고 생각했기 때문이었다. 그런데 길 사장을 도와줄 방법이 도무지 생각나지 않았다.

토요일에 지혜를 만났다. 길 사장 이야기를 하려던 것은 아니었지만 한숨만 쉬고 있는 그에게 지혜가 먼저 물었다.

"무슨 고민 있어? 아까부터 땅이 꺼지게 한숨이야."

"그랬어? 미안."

"밥도 먹는 둥 마는 둥, 커피는 입도 대지 않고, 무슨 일인데?"

홍 팀장은 다시 한 번 길게 한숨을 내쉬었다. 그리고 천천히 길 사장 이야기를 했다. 이야기를 다 들은 지혜가 고개를 끄덕이며 말했다.

"직장을 옮기면 뭐해, 똑같은 고민을 하고 있는데."

"그런가. 아무튼 길 사장을 도울 방법이 없을까 고민 중이야."

홍 팀장은 지혜와 헤어지고 집으로 돌아와서도 멍하니 길 사장만 생각했다. 재단의 규정을 어기면서까지 도와줄 수는 없다. 또한 자신이 빚을 내서 도와줄 수도 없는 노릇이다. 평소 같으면 등에서 식은땀이 나고 심장이 쿵쾅거렸을 텐데 괜찮았다. 아마도 운동과 등산을 하면서 꾸준히 치료한 결과 조금씩 공황장애에서 벗어나고 있는 것 같았다. 그러고 보니 이런 문제를 고민한 것도 꽤 오랜만이라고 생각했다.

'문제를 해결할 방법이 없을까?'

그때 박 형에게서 전화가 왔다.

"오랜만이다, 옮긴 지점은 다닐 만하냐?"

"그냥 그렇지 뭐, 웬일이야?"

"웬일이라니, 너 잊고 있었구나. 내가 지난번에 말했잖아."

"아……."

그제야 번뜩 생각이 났다. 지난주에 좋은 강의가 있다며 박 형이 들어보라고 했었는데, 길 사장 일 때문에 잊고 있었던 것이다.

"미안해, 형. 근데 무슨 강의라고 했지?"

"트리즈, 트리즈라고 몇 번을 말해야 알겠냐? 한 시간 뒤에 센터에서 보자."

"그런데 형, 있잖아 나⋯⋯."

박 형이 전화를 끊었다. 박 형은 제주 지식재산센터에서 근무하고 있었다. 매주 토요일에 강의가 있는데, 이번 강의는 특별히 추천해준다며 들어보라고 했다.

'길 사장 일이 머릿속에서 떠나지 않는데 강의를 들어서 뭐하겠는가.' 트리즈? 이름도 생소했다. 어렵고 복잡할 것 같았다.

'일이 생겨 못 간다고 말할까.'

홍 팀장이 전화기를 만지작거릴 때, 문자가 왔다.

'빠지면 죽는다.'

이미 많은 사람이 강의실을 채우고 있었다. 박 형이 손을 흔들며 걸어왔다.

"미안해 형, 갑자기 일이 생겨서 정신이 없었어. 근데 사람들이 많네."

"이게 좀 특별한 강의야. 트리즈 전문가를 배출하기 위한 강의거든, 도에서 예산도 받았다고."

'트리즈 전문가라⋯⋯.'

홍 팀장은 고개를 갸웃했다.

"안녕하세요, 선생님."

박 형이 꾸벅 인사를 했다. 박 형을 알아본 선생님이 우리를 향해 걸어왔다.

"안녕하세요, 김익철입니다."

홍 팀장은 김익철 선생이 내민 손을 가볍게 잡았다. 작은 체구에 깊은 눈매, 인자한 미소를 머금고 있는 입술이 한눈에 봐도 교육자 스타일이었다. 김익철 선생은 매주 토요일 이곳에서 강의한다고 했다. 오늘부터 여덟 번이나 서울과 제주도를 왔다 갔다 할 생각을 하니 벌써부터 고단하지만 젊은 분들이 많이 와서 한편으로는 기분이 좋다고 했다.

홍 팀장은 자리에 앉아서 강의가 시작되기를 기다렸다. 그러나 마음이 편하지 않았다.

'길 사장은 어디로 사라졌을까? 왜 전화도 받지 않을까?'

고민이 떠나지 않았다. 그렇다고 당장 길 사장이 나타나거나 전화를 받는다고 해도 뾰족한 수가 없었다. 그게 더 심각한 문제였다. 마치 미로에 갇힌 것처럼 어느 길로 들어서든 출구를 찾을 수 없었다. 제자리를 빙글빙글 도는 느낌이었다.

트리즈를 만나다

김익철 선생은 강의를 듣는 사람들에게 어떤 일을 하는지, 문제는 없는지 하나하나 질문했다.

'트리즈가 무엇인지, 왜 그것부터 말해주지 않는 걸까?'

홍 팀장은 별것이 다 불만이라고 생각하며 헛웃음을 지었다. 출구가 보이지 않는 길 사장 문제를 해결하기에도 모자란 이 시간에 여기에서 뭘 하고 있는 건지 싶었다.

"선생님은 무엇을 얻기 위해 살아가나요?"

김익철 선생이 홍 팀장에게 물었다. 다른 생각을 하고 있던 홍 팀장은 김익철 선생의 얼굴을 멀뚱히 바라봤다. 그러자 김익철 선생이 다시 질문했다.

"선생님은 직장에 다니시나요? 사업을 하시나요?"

"직장에 다니고 있습니다."

"왜 직장에 다니시죠?"

홍 팀장은 선뜻 대답할 수 없었다. 이제껏 누구도 그런 질문을 한 적이 없었고, 홍 팀장 또한 생각해보지 않았다.

'직장에 왜 다니느냐고? 너무 뻔한 거 아닌가?'

홍 팀장이 머뭇거리는 사이 김익철 선생이 말했다.

"그렇습니다. 여기 계신 선생님뿐만 아니라 많은 분이 이 질문에 시원히 대답하지 못합니다."

김익철 선생은 웃으며 화이트보드 앞에 섰다. 홍 팀장은 많은 사람이 자기와 똑같다는 말에 우선 안심이 됐지만 동시에 약간 불쾌해졌다.

'왜 그런 쓸데없는 질문을 하는 거지? 그래, 무슨 말을 하는지 들어나 보자.'

"삶의 목적이 무엇이냐 물었을 때 대부분의 사람들은 성공과 행복을 이야기합니다. 성공이란 무엇일까요?"

"돈과 명예입니다."

누군가 큰 소리로 대답했다.

"그렇습니다. 대부분이 생각하는 성공이란 돈과 명예입니다. 거기에 권력과 사랑도 빠지지 않습니다. 이것 중에 하나 이상을 얻었을 때, 우리는 성공했다고 말합니다."

홍 팀장도 고개를 끄덕이며 맞는 말이라고 생각했다. 성공했다고 자신 있게 말하려면 당연히 갖춰야 할 것들이었다.

"그렇다면 행복이란 무엇일까요? 그것도 돈과 명예 아닌가요?"

김익철 선생이 다시 질문했다.

사람들이 고개를 끄덕이며 웅성거렸다. 홍 팀장은 성공보다 더 어려운 문제라고 생각했다. 행복이라, 얼마 만에 들어보는 말인가.

"성공과 행복이 비슷한 것 같지만 사실 행복이란 욕망과 관계, 자유와 몰입 중에 하나 이상을 얻었을 때 비로소 실현할 수 있습니다."

홍 팀장은 잘 이해가 되지 않았다. 다들 마찬가지였는지 사람들이 다시 웅성거리기 시작했다. 김익철 선생이 화이트보드에다 무언가 썼다.

삶의 목적

"자, 보십시오. 이렇게 삶의 목적을 분류하면 훨씬 쉽고 간단해집니다. 우리 주위에는 네 가지 종류의 삶이 있다고 합니다. 첫째는 성공하고 행복한 사람, 둘째는 성공했지만 불행한 사람, 셋째는 낙오했지만 행복한 사람, 넷째는 낙오하고 불행한 사람입니다. 그렇다면 여러분은 어떤 삶을 살기 원하시나요?"

"성공하고 행복한 사람입니다."

누군가의 말에 모두 고개를 끄덕였다. 당연한 거 아닌가. 홍 팀장은 다시 지루해지기 시작했다. 여느 강의처럼 성공과 행복에 관한 뻔한 말들이 나올 게 분명했다. 김익철 선생이 홍 팀장에게 질문했다.

"선생님의 삶은 어떤가요? 성공과 행복, 둘 다 가지고 있으신가요?"

"아니요."

너무 빨리 대답한 것 같아 홍 팀장은 조금 부끄러웠다. 그러나 어쩌겠는가. 성공과 행복이라니. 당연히 아니었다. 지금 다니고 있는 직장이 다른 직장에 비해 부족한 것은 아니지만, 그렇다고 성공한 것은 아니다. 월급이 많은 것도 아니고, 명예와 권력은 말할 것도 없었다. 물론 그렇다고 불행한 것은 아니다. 행복하다. 행복한데……. 꼬리에 꼬리를 무는 생각 때문에 홍 팀장은 머리가 아팠다.

"우리가 일하는 이유는 돈을 벌기 위함입니다. 돈을 버는 이유는 성공하기 위해서지요. 그런데 일을 해도 낙오자가 된다면 어떻습니까? 그걸 원하는 사람은 단 한 명도 없을 겁니다. 또한 일한다는 것은 행복해지기 위한 겁니다. 아시다시피 인간은 혼자서 행복해지기 어렵습니다. 누군가와 어울려야 하고, 도움도 받아야 합니다. 이렇듯 어딘가에 속하는 것도 행복해지기 위한 조건입니다."

김익철 선생이 홍 팀장을 바라봤다. 홍 팀장은 또 질문할 것 같아서 바짝 긴장하고 있었다. 다행히 김익철 선생은 질문 없이 계속 말을 이어나갔다.

"누구나 성공한 삶과 행복한 삶을 원합니다. 문제는 대부분의 사람이 그것을 이루지 못한다는 점입니다. 왜? 무엇 때문에 그럴까요?"

홍 팀장은 너무 철학적인 이야기들뿐이라고 생각했다. 김익철 선생의 말은 모두 맞는 말이다. 그러나 휴일을 반납하고 여기 와 있는 사람들에게 과연 그런 말들이 무슨 소용일까. 차라리 돈을 빨리 벌거나 많이 버는 방법, 남보다 행복해질 수 있는 방법을 알려줘야 사람들의 환심을 살 수 있지 않을까.

'아, 지금이라도 나갈까? 급한 일이 생겼다고 하면 박 형도 이해해주겠지.'

"가장 큰 이유가 무엇일까요? 바로 문제를 해결하지 못했기 때문입니다. 우리 삶에서 일어나는 여러 가지 문제를 해결할 수만 있다면 성공도 행복도 모두 얻을 수 있습니다. 지금부터 문제를 해결하는 방법, 성공과 행복을 얻기 위해 필요한 그 열쇠를 여러분께 알려드리려고 합니다."

순간 홍 팀장의 머릿속이 번쩍했다. 김익철 선생이 마치 홍 팀장의 마음을 들여다본 것 같았기 때문이다.

'문제를 해결하는 방법.'

홍 팀장은 김익철 선생의 다음 말을 기다렸다.

수직이 아닌 수평

"지금부터 성공과 행복을 둘 다 실현한 '민들레영토'의 창업 과정에 대해 말씀드리겠습니다."

'창업이라니, 문제를 해결하는 방법이나 어서 알려주지.'

홍 팀장은 마음이 급했다. 사실 창업이라면 홍 팀장도 나름 노하우가 있었다. 10년째 크고 작은 창업 관련 강의를 하고 있었고, 소자본 맞춤 창업 방법부터 창업 성공 전략까지 창업에 관해서는 홍 팀장도 자신 있었다.

'그래, 무슨 이야기를 하나 들어나 보자.'

이제껏 움츠렸던 날개를 펴듯 홍 팀장은 자세를 고쳐 앉았다.

"민들레영토의 지 사장은 신학대학을 중퇴하고 생계를 위해 창업했습니다. 사회 경험이 거의 없었던 지 사장은 다른 업종보다 쉽고 간단해

보였던 '카페'를 차리기로 했습니다. 사람들이 많이 다니는 큰길에 카페를 열면 장사가 잘 될 것 같았습니다. 그러나 그에게 충분한 자본이 없다는 것이 문제였습니다. 목이 좋은 곳은 당연히 임대료가 비쌉니다."

창업자들에게는 피할 수 없는 문제였다. 홍 팀장도 이런 고민을 하는 사람들을 많이 만나봤다. 그들은 결국 대출을 받아 자본을 더 늘리든지, 아니면 더 싼 곳으로 옮기든지 하는 원론적인 해결책을 선택했다.

"다시 정리해드리죠. 지 사장에게 필요한 돈은 1억 원입니다. 그러나 그가 가진 돈은 2천만 원뿐입니다. 원하는 곳에 카페를 내기에는 턱없이 부족합니다. 어떻게 하면 좋을까요? 여러분이라면 어떻게 하겠습니까?"

김익철 선생은 삼삼오오 모여 앉은 사람들끼리 팀을 정해주었다. 홍 팀장도 팀원이 되어 문제 해결 방법에 대해 생각했다. 모두 처음에는 쑥스러워 말을 아꼈지만, 시간이 지날수록 토론은 활발해졌다. 홍 팀장은 팀원들의 의견을 몇 가지로 정리했다. 잠시 후, 김익철 선생이 한 팀씩 돌아가며 발표를 시켰다. 모두 비슷한 의견들이었다.

"네, 맞습니다. 여러분이 생각하신 그대로입니다. 문제의 원인은 카페를 하려는 것과 커피를 팔려는 것, 그리고 부족한 돈입니다. 자 그럼,

원인	수단 및 방법
• 카페를 차린다 • 커피를 팔겠다 • 돈이 부족하다	• 더 싼 카페를 찾는다 • 동업자를 구한다 • 자본에 맞는 업종으로 바꾼다 • 대출한다 • 기타

문제의 답을 찾기 위해서는 어떻게 해야 할까요? 문제 해결 방법은 다양하고, 광범위하기 때문에 우리는 생각의 그물을 쳐야 합니다. 예를 들면 망망대해에서 꽁치 한 마리를 잃어버렸다고 합시다. 그 꽁치는 아주 오래전부터 하나뿐인 내 자식이 원하던 희귀한 꽁치입니다. 꽁치를 찾기 위해서는 바다 전체를 뒤져야 하겠죠. 하지만 꽁치 감지기가 있다면 어떨까요? 꽁치 감지기는 꽁치가 어디에 있는지 알려줄 겁니다. 거기에 그물을 치면 꽁치를 다시 잡을 수 있을 겁니다. 그것이 바로 생각의 그물 치기입니다. 그물을 쳐서 수단과 방법을 찾고, 그 안에서 사고하기 시작하면 막연했던 것이 점점 명확해집니다.”

'생각의 그물을 치면 문제 해결 방법이 보다 명확해진다는 말이지.'

홍 팀장은 김익철 선생의 말을 메모했다. 선생은 그런 홍 팀장을 바라보며 다시 말을 이었다.

“그물을 치는 가장 쉬운 방법은 원인을 뒤집는 겁니다. '카페를 하겠다'를 뒤집으면 '카페를 하지 않는다'입니다. 이것이 수단 및 방법인 거죠. 카페를 하지 않으면서 돈이 부족하지 않게 하고, 커피를 팔지 않으면 됩니다. 어떻게 하면 될까요?”

모두 조용했다. 김익철 선생은 웃으며 홍 팀장에게 물었다.

“어떻게 하면 될까요?”

“커피를 그냥 주는 건 어떨까요?”

“커피를 그냥 주면 수익은 뭐로 내죠?”

“……”

“카페 자리가 비싸면 싼 곳을 찾으면 됩니다. 지 사장은 여기저기

발품을 팔았고, 결국 골목 안쪽에 있는 저렴한 곳을 찾았습니다. 계약을 하고 바로 공사를 시작했죠. 그런데 며칠 뒤에 구청 공무원이 왔습니다. 둘러보더니 무엇을 할 건지 물었어요. 지 사장은 카페를 할 거라고 대답했습니다. 그러자 구청 공무원은 카페를 하려면 식품 판매 허가를 받아야 한다고 말했습니다. 다음날 지 사장은 구청으로 가 허가를 신청했는데, 거기서 또 문제가 발생했습니다. 영업 허가는 등기가 있는 건물만 가능한데, 그가 얻은 건물은 등기가 없는 불법 건축물이었습니다. 허가를 내줄 수 없다는 구청 직원의 말에 그는 다시 한 번 좌절했습니다."

'아니, 그런 것도 안 알아보고 계약을 했단 말이야?'

홍 팀장은 답답한 나머지 한숨이 절로 나왔다. 카페를 하려고 계약했는데 카페 허가가 안 난다. 이보다 더 답답한 노릇이 없었다.

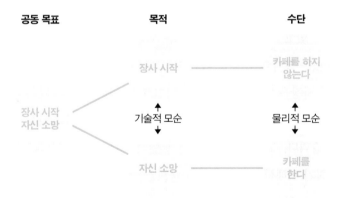

공동 목표	목적	수단
	장사 시작	카페를 하지 않는다
장사 시작 자신 소망	기술적 모순	물리적 모순
	자신 소망	카페를 한다

민들레영토 문제 모순도

"트리즈에서 '모순도'라고 부르는 그림입니다. 잘 보세요. 지 사장은 카페를 해야 하고 하지 않기도 해야 합니다. 이것을 '물리적 모순'이라고 하는데 하나의 수단에서 발생하기 때문에 타협해야 합니다. 또 다른 하나는 장사를 시작하는 것과 자신이 소망하는 것 중 하나를 선택해야 합니다. 이것을 '기술적 모순'이라고 하는데 두 가지 목적 중 하나를 선택해야 합니다. 이렇게 어떤 선택을 해야 하거나 서로 타협해야 하는 것을 우리는 문제라고 부릅니다."

'선택과 타협이라.'

홍 팀장은 김익철 선생의 말에 고개를 끄덕였다. 그동안 일하면서 얼마나 많은 선택과 타협을 해왔던가. 지금 홍 팀장이 고민하는 길 사장의 문제도 마찬가지였다. 무엇을 선택하고 타협해야 할지 감이 잡히지 않으니 더는 진전이 없을 수밖에.

"카페를 해야 할까요, 하지 말아야 할까요? 이럴 수도 저럴 수도 없는 상황입니다. 그런데 말입니다. 카페를 하지 않으면서 자신의 소망을 이룰 수 있고, 카페를 하면서 장사를 시작할 수 있다면 어떨까요? 모순도에 있는 목적과 수단에 대각선을 그려보겠습니다."

"지 사장은 음식을 팔아 돈을 받기도 해야 하고, 받지 않기도 해야 합니다. 돈을 받지 않으면 허가를 받을 필요가 없어서 장사를 시작할 수 있습니다. 그런데 음식을 팔면 당연히 돈을 받아야 합니다. 장사를 계속하기 위해서는 이익이 나야 하겠죠. 음료값을 받지 않고도 이익을 낼 방법은 없을까요?"

"시간제로 돈을 받거나, 자릿세를 받으면……."

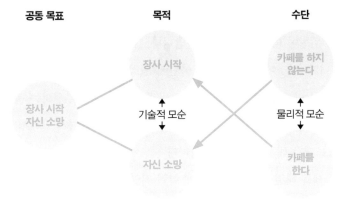

공동 목표	목적	수단

장사 시작

카페를 하지 않는다

장사 시작 자신 소망

기술적 모순

물리적 모순

자신 소망

카페를 한다

민들레영토 문제 모순도 2

홍 팀장이 혼잣말로 중얼거렸다. 김익철 선생이 홍 팀장의 말에 고개를 끄덕였다.

"생각의 그물을 아주 잘 치셨습니다."

음료값을 받지 않는 카페는 그렇게 탄생했다. 문제를 고민하던 지 사장이 새로운 비즈니스 모델을 탄생시킨 것이다. 지 사장은 카페가 가진 자원 중에 '공간'과 '시간'에 주목했다. 음료값을 받지 않는 대신 사람들이 앉아 있는 공간과 소비하는 시간을 비용으로 받았다. 음료는 무료로 제공하되 사람 수와 사용 시간에 따른 비용을 받기로 한 것이다. 이것이 바로 '카페를 하지만, 카페를 하지 않는 방법'이었다. 구청 공무원이 나와도 음료값을 받지 않으니 단속할 명분이 없을 것이다.

"어떻습니까? 만약 지 사장이 문제의 답만 찾으려고 했다면 어땠을까요? 가장 쉬운 답은 아마도 대출일 겁니다. 그러나 지 사장은 대출하지 않았습니다. 왜? 당장의 문제는 해결할 수 있을지 모르지만, 그보다 더 큰 위험이 따를 수 있기 때문입니다. 그렇다면 대출은 문제의 답이 아닙니다. 이것이 바로 수직이 아닌 수평적 사고입니다. 지 사장은 생각의 그물을 치기 시작했습니다. 그렇게 생각의 그물로 원하는 물고기를 잡았습니다. 트리즈는 물고기를 잡는 방법입니다. 다시 말해서 트리즈는 문제를 해결하는 생각법입니다."

'문제를 해결하는 방법이란 게 이런 거였구나.'

홍 팀장은 강의가 재밌어지기 시작했다.

"그럼 이 문제를 앞서 말했던 성공과 행복이라는 삶의 목적과 연결해볼까요? 만약에 지 사장이 문제를 해결하지 못했다면 어땠을까요? 당연히 가난해지거나 원하지 않는 일을 하면서 살아가야 했을 겁니다. 일반적으로 가난한 사람에게 성공했다고 말하지는 않습니다. 원하지 않는 일을 하는 사람에게도 마찬가지일 겁니다. 하지만 지 사장은 원했던 일을 하면서 돈도 벌 수 있었습니다. 성공과 행복, 두 마리 토끼를 모두 잡은 겁니다. 하나의 문제가 앞을 막고 있었지만 문제를 해결함으로써 불행은 사라지고 행복이 찾아왔습니다."

문제를 해결하는 생각법: **민들레영토**

민들레영토를 만든 지승룡 대표는 종잣돈 2천만 원을 마련해 카페를 하려고 했지만, 카페를 하기에는 턱도 없이 모자랐다. 고생 끝에 찾은 건물은 무허가 건물이어서 영업 허가가 나지 않았지만, 이 공간 말고는 달리 방법이 없었다. 그는 10평밖에 되지 않는 무허가 건물에 카페를 만들어야 하는 모순을 해결해야 했다.

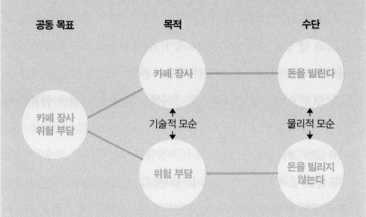

커피를 판매하려면 영업 허가가 나야 하는데 무허가 건물이라서 허가가 나지 않는 상황이었다. 상식적 사고로는 문제가 해결되지 않았다. 지 대표는 커피값 대신 입장료를 받고 커피와 음료, 그리고 대화나 독서를 할 수 있는 공간을 제공하는 '문화비'라는 새로운 방식을 생각했다. 그 결과 민들레영토는 10평짜리 무허가 건물에서 영업 허가 없이 시작했지만, 새로운 영업 방식을 만들어냈다.

−김영한, 김익철, 『생각의 지름길』 중에서

문제의 원인과 해결 수단

홍 팀장은 밤새 한숨도 못 자고 출근했다. 하지만 어느 때보다도 머릿속이 맑았다. 요 며칠, 길 사장 문제를 하루빨리 해결하고 싶은 조바심 때문에 안절부절못했다. 그럴수록 문제를 해결하기 위한 좋은 방법은커녕 어떤 순서로 문제를 해결해나갈지도 정리하지 못했다. 물론 홍 팀장이 이렇게 서두르는 데에는 그만한 이유가 있었다.

'두 번 다시 이 사장과 같은 일이 일어나서는 안 된다.'

길 사장은 전화를 받지 않았다. 메시지를 보냈지만 답장도 없었다.

'트리즈, 문제를 해결하는 생각법이라……'

홍 팀장은 속으로 되뇌었다.

김익철 선생의 강의가 끝난 후에도 홍 팀장은 한동안 꼼짝할 수 없었다. 이제껏 홍 팀장은 답을 향해 문제를 풀어나갔다. 답을 향해 가는 직선 코스에 뭔가가 가로막고 있으면 그것을 부수거나 파헤치며 앞으로 나아갔다. 그런데 김익철 선생은 달랐다. 어떤 변수가 생기더라도 유연하게 답을 찾아 나갔다. 문제를 바라보는 관점에 따라 문제가 문제로만 남을 수 있고 답으로 가는 지름길이 될 수도 있다.

"문제 속에 답이 있습니다."

김익철 선생의 말이 홍 팀장의 머릿속을 떠나지 않았다.

'새롭게 봐야 한다. 이미 알고 있는 것들도 의심해야 한다.'

그것이 트리즈라고 홍 팀장은 생각했다.

홍 팀장은 노트에 필기했던 김익철 선생의 강의를 다시 확인했다. 그리고 메모지에다 모순도를 그리기 시작했다. 문제의 원인은 길 사장이다. 그런데 연락할 방법이 없다.

'해결의 수단은 길 사장과 연결할 방법을 찾는 것인가? 아니, 그것은 목표지 수단이 아니다.'

홍 팀장은 모순도를 지우고 다시 그렸다. 길 사장과 직접 연결할 방법이 없다면, 간접으로나마 연결할 방법을 찾는다. 부모나 형제 또는 친구 중에 길 사장과 연락하고 있는 사람이 있지 않을까. 홍 팀장은 김 차장을 불러 길 사장의 가족과 지인들에게 모두 연락해보라고 말했다. 이제야 일의 순서가 정리되는 느낌이었다. 다행히 길 사장의 아버지와 통화할 수 있었다. 약속을 잡고 만나기로 했다.

카페에서 만난 길 사장의 아버지는 마치 빚쟁이를 만난 것처럼 걱정과 근심이 가득한 얼굴로 앉아 있었다. 익숙한 풍경이었다.

'얼마나 많이 봐왔던 장면인가.'

홍 팀장은 커피를 한 모금 마셨다. 부드럽게 넘어가는 커피의 깊은 향이 홍 팀장의 마음을 한결 가볍게 했다.

"바쁘신데 시간 내주셔서 고맙습니다."

홍 팀장은 웃는 얼굴로 길 사장의 아버지를 안심시켰다.

"제가 이렇게 찾아뵌 것은 아드님을 도와드리기 위해서입니다. 절대 빚 독촉하는 것이 아니니 안심하세요."

그제야 길 사장의 아버지가 커피 잔을 들었다. 대출금을 갚지 않으면 법적 조치를 취하겠다느니, 언제까지 대출금을 갚을 수 있느냐는 말이 아니라서 안심하는 것 같았다. 길 사장의 아버지가 홍 팀장을 바라봤다.

"아드님께 무슨 문제가 있는 것 같습니다. 그게 무엇인지 구체적으로 알아야 저희도 도울 수 있습니다. 부도가 나서 돈을 갚을 수 없다면 개인회생이나 파산이라는 제도도 있으니 너무 염려 마세요. 지금 길 사장 사정이 어떤지, 무슨 생각을 하고 있는지 알아야 저희도 도울 수 있습니다."

길 사장의 아버지는 고개만 끄덕였다.

"숨는다고 해결될 일이 아닙니다."

홍 팀장의 말에 길 사장의 아버지는 자신도 아들의 행방을 알 수 없다고 답했다. 그리고 길 사장에게서 연락이 오면 알려주겠다는 말만 되풀이했다.

해결의 실마리를 찾아서

다음 날 길 사장에게서 전화가 왔다. 홍 팀장도 이렇게 빨리 연락이 올 줄은 생각지 못했다. 김 차장은 역시 홍 팀장님이라며 엄지를 치켜세웠다. 홍 팀장은 전날 길 사장의 아버지를 만났던 카페로 향했다.

그동안 마음고생이 심했는지 길 사장의 볼이 움푹 꺼져 있었다. 고개를 숙이고 앉아서 홍 팀장과 눈도 못 마주쳤다.

"도대체 무슨 일이 있었던 겁니까, 길 사장님."

길 사장이 고개를 들고 미안하다고 말했다. 그리고 커피를 한 모금 마신 뒤 그동안 있었던 일들을 말하기 시작했다.

이번에 큰 공사를 맡아 진행했던 A 건설이 부도가 났다. 길 사장은 A 건설에 자재와 인력을 제공했는데 워낙 규모가 크다 보니 공사가 끝나면 한꺼번에 대금을 정산하기로 했다. 그런데 부도가 난 것이다. A 건설의 P 사장을 만나 사정을 이야기하며 정산을 부탁했지만, 도무지 말이 통하지 않았다. 부도가 났으니 당연히 돈이 없다며 배짱까지 부리며 화를 냈다. 길 사장도 밀린 자재비용과 인건비를 정산해야 했다. 어쩔 수 없이 압류라도 하려고 재산을 조사했는데, P 사장 앞으로 어떠한 재산도 없었다. 길 사장은 참을 수 없을 만큼 화가 났다. 그렇게 큰 건설회사 사장에게 재산이 없다니, 도무지 말이 되지 않았다. 하지만 현실은 그랬다. 공사 대금을 받을 방법이 없었다. 며칠을 고민해도 마찬가지였다. 큰 절망감에 빠진 길 사장은 도무지 문제를 해결할 방법이 없어서 잠적하게 됐다.

"그러셨군요. 잘 알았습니다, 길 사장님. 이제 어디 가지 마시고 같이 해결 방법을 찾아봅시다."

홍 팀장은 길 사장을 안심시켜 돌려보낸 뒤 다시 사무실로 들어왔다. 책상 위에는 길 사장과 관련된 서류들이 놓여 있었다. 김 차장이 찾아 놓고 퇴근했을 것이다. 홍 팀장은 의자에 앉아 잠시 눈을 감았다. 길 사장을 도와야 한다. 길 사장의 부도가 홍 팀장 책임은 아니지만 만약 길 사장을 돕지 못하면……. 홍 팀장은 서랍에 넣어두었던 모순도를 꺼냈다.

홍 팀장은 김익철 선생이 설명해준 방식대로 모순도를 자세히 살펴봤다. 길 사장을 도우면서 편리해지는 방법이 있을까? 길 사장을 돕지 않으면서 편안해지는 방법이 있을까? 이 문제를 해결하려면 어떻게 해야 할까? 여러 가지 생각을 해봐도 여전히 답이 나오지 않았다.

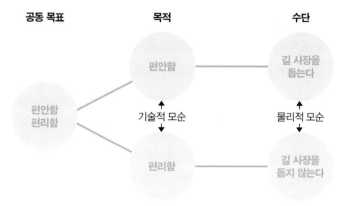

공동 목표	목적	수단

편안함

길 사장을
돕는다

편안함
편리함

기술적 모순

물리적 모순

편리함

길 사장을
돕지 않는다

길 사장 문제 모순도

토요일 오후, 홍 팀장은 김익철 선생의 강의를 들으러 다시 제주 지식재산센터로 향했다. 강의가 진행되는 동안에도 길 사장 문제가 자꾸 떠올라 집중할 수가 없었다. 홍 팀장은 강의가 끝난 후 가방을 정리하고 있는 김익철 선생에게 다가갔다.

"안녕하세요, 선생님."

"네, 안녕하세요."

김익철 선생이 밝게 웃었다. 덕분에 홍 팀장도 쉽게 말을 꺼낼 수 있었다.

"혹시, 이런 문제도 트리즈로 해결할 수 있나요?"

홍 팀장은 그동안 있었던 길 사장의 이야기와 자신의 고민에 대해 말했다. 김익철 선생은 고개를 끄덕이며 한참을 듣고 있었다.

"제가 도움을 드릴 수 있을 것 같습니다. 시간이 필요할 것 같은데 메일 주소를 알려주시면 그리로 보내겠습니다.”

홍 팀장은 김익철 선생에게 문자로 메일 주소를 보냈다. 김익철 선생이 도와준다고 하니 한결 마음이 가벼워졌다. 한편으로는 트리즈로 이런 문제도 해결할 수 있을지 무척 궁금했다.

IMF 경제 위기 이후에 개인 파산이 쉬워졌다. 그래서 대출자를 압박하다 보면 그들이 파산 선고를 해버리는 경우가 많았다. 파산 선고를 하면 대출금을 회수할 수 없다.

‘그들을 압박하지 않고 돈을 회수할 방법은 없을까?’

“그런 쓸데없는 고민할 시간에 한 사람이라도 더 독촉해봐.”

홍 팀장의 고민에 모두 그렇게 답했다. 그러나 홍 팀장의 생각은 달랐다. 그들의 문제를 해결해준다면 회수율은 물론 신용보증재단의 신뢰도 또한 높아질 것이다.

‘아니, 어려운 사람들의 문제를 조금이라도 해결해주기 위해 신용보증재단이 있는 것 아닌가.’

홍 팀장의 오랜 고민이었으나 이제껏 해결 방법을 찾지 못했다. 홍 팀장은 어쩌면 김익철 선생과 트리즈를 만난 건 오랜 고민을 해결하라는 하늘의 뜻일지도 모른다고 생각했다.

얼마 지나지 않아 김익철 선생에게 메일이 왔다. 선생은 문제 해결 방법에 대해 알기 쉽게 설명해주었다.

✉ ……… 이번 문제는 ‘직간접’의 문제라고 생각합니다. 직간접의 문제란 무엇을 직접 얻으려고 하거나 반대로 그것을 대신 얻으

려고 하는 문제를 말합니다. 데이비드란 사람이 있었습니다. 그는 아내에게 해외여행을 시켜주고 싶었습니다. 하지만 돈이 너무 많이 들어서 자신의 능력으로는 불가능했습니다. 그가 어떻게 문제를 해결했을까요?

먼저 주위에서 대신 돈을 내줄 방법을 생각했습니다. 어떤 식품회사가 있었는데 연말 행사로 그 회사의 푸딩 포장 스티커를 보내면 한 개당 500마일의 항공 마일리지를 무료로 준다고 했습니다. 그는 즉시 슈퍼마켓으로 달려가 12,500개의 푸딩을 샀습니다. 그러나 응모 마감까지 얼마 남지 않았습니다. 그의 가족 전부가 달려들어도 마감 기간 내에 일을 끝낼 수가 없었습니다. 그래서 그는 푸딩을 전부 자선단체에 기증했고, 스티커를 떼어내는 일을 부탁했습니다. 그는 기한 내에 12,500장의 스티커를 보내 625만 마일의 무료 항공 마일리지를 얻었습니다. 아내뿐만 아니라 가족을 데리고 유럽 여행을 30번이나 다녀올 수 있을 만큼의 마일리지였습니다. 푸딩을 전부 자선 단체에 기부했기 때문에 세금 공제를 받아서 실제로 그가 낸 돈은 겨우 3,140달러에 불과합니다. 데이비드의 경우처럼 부도가 난 길 사장 말고, 길 사장의 빚을 대신 내줄 사람을 찾는 것이 답이 될 겁니다.

믿는 도끼에 발등 찍힌다

'대신 내줄 사람이라.'

홍 팀장은 그 말이 머릿속에서 떠나지 않았다. 길 사장의 사정이 어렵다면 당연히 대신 내줄 사람을 찾는 것이 맞다. 그런 사람만 있다면 문제는 쉽게 해결될 것이다. 문제는 그 사람을 찾는 것이다. 길 사장의 가족이야 도와줄 수 있다면 벌써 도와줬을 것이다. 사정을 이야기하면 친구 중에 몇은 도와줄 수도 있겠지만, 그 정도로는 어림없었다. 대출? 지금 상황에 대출은 더더구나 어렵다. 홍 팀장은 서랍에서 약을 꺼냈다. 요즘은 증상을 잊고 살 만큼 많이 나아졌다. 그래도 공황장애는 만성질환이라 치료를 꾸준히 받아야 한다고 의사가 말했다.

'누굴까? 누가 길 사장의 문제를 풀어줄 수 있을까?'

홍 팀장이 오전 내내 고민하는 사이 김 차장이 정리한 자료를 보고했다.

"팀장님, 말씀하신 대로 몇 가지 조사를 해봤는데요. 조금 이상한 부분이 있습니다."

김 차장이 자료를 책상에 놓으며 말했다.

"여기 보세요. P 사장이 부인 명의로 새 회사를 차렸습니다. 더구나 거기로 매일 출근한다고 합니다."

순간 홍 팀장이 벌떡 일어섰다. 옆에 있던 김 차장뿐만 아니라 사무실에 있던 모든 사람이 홍 팀장을 바라봤다.

"그래! 바로 그거야. 수고했어 김 차장."

홍 팀장은 길 사장에게 전화를 걸었다. 그리고 전에 만났던 그 카페에서 만나자고 말했다.

길 사장은 고개를 푹 숙이고 있었다. 홍 팀장은 커피를 마시며 생각을 정리했다. 그동안 동분서주하며 사업을 일으키기 위해 노력했던 길 사장의 모습이 어렴풋이 떠올랐다. 홍 팀장은 길 사장의 열정이 부러웠고, 한편으로 존경스럽기까지 했다. 재단에서도 아무에게나 보증을 서주지 않았다. 성실하게 준비하고 목표가 뚜렷한 사람들에게만 보증을 서주었다. 밤잠을 설치며 오직 가족을 위해 일했던 길 사장이다. 길 사장은 반드시 성공할 사람이라고 홍 팀장은 생각했다. 그런데 파트너를 잘못 만나 지금 이렇게 죄지은 사람처럼 고개를 떨구고 있다. 반면에 P 사장은 어떤가. 대출 건으로 몇 번 재단에 왔을 때, 그의 태도를 보고 직원들이 모두 한마디씩 했다.

"맡겨둔 돈 가지러 온 사람 같아."

그래서 홍 팀장은 길 사장에게 P 사장과 거리를 두라고 말했다. 그때마다 길 사장은 P 사장 만한 대인군자가 없다며 고개를 저었다.

"그러니까 다시 말해드릴게요. P 사장은 이미 부인 이름으로 새 회사를 차렸고 매일 그쪽으로 출근도 하고 있다, 이 말입니다."

홍 팀장이 몇 번을 이야기하고 자료를 보여주고 나서야 비로소 길 사장이 믿기 시작했다. 길 사장은 여태껏 P 사장의 말을 곧이곧대로 믿고 있었다. 홍 팀장의 말을 듣고 있던 길 사장이 말했다.

"그럼 어떻게 하면 될까요?"

"이제부터 채권자 대위권¹과 사해행위 청구의 소²를 진행할 겁니다."

소송이 들어가자 P 사장은 재빨리 화의를 신청했다. 한 푼도 없다던 P 사장이 길 사장의 빚을 전부 갚았다. 이런 행태를 보니 아마도 이번이 처음은 아닐 것이라고 홍 팀장은 생각했다. 혼을 더 내야겠다고 생각했지만, 이 정도에서 끝내기로 했다. 길 사장의 사정도 있었고 무

---

1 채권자 대위권: 민법상의 채권자가 자기의 채권을 보전하기 위하여 자기의 이름으로 채무자의 권리를 행사할 수 있는 권리이다. 가령 채무자가 제3자에 대하여 가지는 권리를 행사하지 않기 때문에 그 채권이 소멸시효에 걸릴 염려가 있는 경우 또는 채무자가 타인으로부터 부동산을 매수하였으나 그가 매도인에 대하여 등기청구권을 행사하지 않기 때문에 소유권을 취득하지 못하게 될 위험이 있는 경우에, 채권자는 채무자의 권리를 대신 행사하여 시효를 중단하거나 채무자의 등기청구권을 대신 행사하여 채무자가 소유권을 취득하게 할 수 있다.

2 사해행위 청구의 소: 사해행위는 채무자의 재산처분행위에 의해서 그 재산이 감소되어 채권의 공동담보에 부족이 생기거나 이미 부족 상태에 있는 공동담보가 한층 더 부족하게 됨으로써 채권자의 채권을 완전하게 만족시킬 수 없게 되는 행위를 뜻한다.

엇보다 서둘러 일을 마무리해야 했다.

홍 팀장은 경매에 넘어간 길 사장의 집이 제값에 팔리도록 도와주었다. 보통 경매가 진행 중인 집은 사람들이 제값을 주고 사려 하지 않는다. 그래서 홍 팀장이 직접 부동산에다 사정을 설명했다.

"매입자가 나타나면 언제든 알려주세요. 채권자인 우리가 법적 권리 관계를 정리해서 부동산을 매수하는 데 아무런 문제가 없을 겁니다."

그렇게 길 사장의 집이 제값에 팔리도록 도와주었다. 그리고 그 돈은 길 사장의 재기에 큰 도움이 됐다. 길 사장은 몇 번이고 머리를 조아리며 고맙다고 말했다.

문제를 해결함과 동시에 누군가가 불행해졌을 지도 모를 일이었다. 그러나 하나의 문제를 해결하고 보니 세 개의 행복이 생겼다. 재단은 받아야 할 돈을 전부 받았다. 길 사장은 사업과 가족을 지켰다. 그리고 홍 팀장은 일이 잘 해결되어 행복했다.

따뜻한 금융인

홍 팀장은 문제를 해결하자마자 김익철 선생에게 메일을 보냈다. 그동안 정신없이 보냈던 날들을 정리하며 자신을 되돌아보고자 했다. 물론 김익철 선생에게 은근 자랑하고 싶은 마음도 있었다.

'트리즈를 조금만 더 일찍 알았더라면 이 사장의 문제도 해결해줄 수 있지 않았을까?'

홍 팀장은 마음속으로 다짐했다.

'다시는 이 사장과 같은 일이 반복되면 안 된다.'

며칠 뒤, 김익철 선생에게 답장이 왔다. 홍 팀장은 떨리는 마음으로 김익철 선생의 메일을 클릭했다.

✉️ ⋯⋯⋯ 안녕하세요, 홍 팀장님. 김익철입니다.

아주 훌륭하게 트리즈를 응용하셨습니다.

그동안 강의를 하면서 많은 사람이 트리즈를 제대로 이해하고 있는지 내심 궁금했습니다. 이렇게 홍 팀장님의 이야기를 들으니 그런 의문이 조금은 사라졌습니다. 홍 팀장님의 이야기를 간단히 정리해 봤습니다.

첫 번째는 '공감'입니다.

홍 팀장님과 길 사장은 친척도, 친구도 아닙니다. 원칙대로 처리한다고 해도 아무 문제가 없습니다. 실제로 많은 금융인이 원칙대로 일을 처리합니다. 하지만 홍 팀장님은 누군가에게 문제가 생긴 것에 측은지심을 느꼈습니다. 그 처지에 공감했기에 자기 일처럼 나섰던 것이지요. 잘잘못을 정확히 밝혀 정의를 실천한 겁니다.

두 번째는 '수단'입니다.

길 사장은 해결하지 못한 문제를 홍 팀장님은 해결했습니다. 어떤 차이 때문일까요? 홍 팀장님은 민사 문제에 관한 지식이 있었습니다. 채권자 대위권과 사해행위 청구의 소 같은 것이 그겁니다. 하지만 길 사장은 알지 못했습니다.

세 번째는 '직간접'입니다.

어떤 문제는 아무리 해결하려고 해도 절대 해결되지 않거나 해결 방법이 떠오르지 않습니다. 홍 팀장님이 돈을 받아야 할 대상은 길 사장이지만, 길 사장에게 돈을 받을 수 없었습니다. 대신 P 사장에게 돈을 받을 방법을 찾아냈습니다.

네 번째는 '심리적 타성'입니다.

심리적 타성이란 생활 습관, 사고방식 등에서 오는 고정관념과 편견을 말합니다. 사람들이 문제를 해결할 때 자꾸 한쪽으로만 해결 방법을 찾으려고 하지요. 이것이 올바른 해결 방법이라면 문제가 없지만 대부분은 그렇지 못한 방향으로 흘러가서 잘못된 결과를 도출합니다. 트리즈는 모순과 대립 문제를 극복함으로써, 이러한 심리적 타성을 극복하게 합니다.

제게 금융인에 관한 심리적 타성은 '샤일록'입니다. 소설 『베니스의 상인』에 나오는 인물로 욕심 많고 인정 없는 고리 대금업자죠. 맑은 날 우산을 빌려주었다가 비가 오면 우산을 도로 뺏는다고 합니다. 솔직히 저는 한국에서 무하마드 유누스와 같은 따뜻한 금융인은 찾기 힘들 것이라 생각했습니다. 무하마드 유누스는 빈곤 퇴치에 앞장섰고 그 공로를 인정받아 자신이 총재로 있는 그라민 은행과 함께 2006년 노벨 평화상을 받기도 했지요. 홍 팀장님은 고객의 불행을 자신의 불행처럼 생각하고, 문제를 해결해주기 위해 노력했습니다. 저는 홍 팀장님을 보면서 한국에도 따뜻한 금융인이 존재한다는 것을 알았습니다.

"세상은 고통으로 가득하지만

그것을 극복하는 사람들로도 가득하다"

– 헬렌 켈러

CHAPTER

2

관점을 바꿔
문제를 의심하라

:

**본질에 한발 다가서는
모순도 그리기**

관점의 오류

"팀장님, 무슨 좋은 일 있으세요?"

홍 팀장이 출근해서 자리에 앉자마자 김 차장이 물었다. 사무실에 들어올 때부터 홍 팀장 입가에 미소가 떠나지 않았기 때문이다.

"있지, 길 사장 문제가 잘 해결됐잖아."

홍 팀장이 웃으며 말했다. 그러나 김 차장이 집요하게 물어보는 바람에 홍 팀장은 김익철 선생의 메일 내용을 이야기해주었다.

"따뜻한 금융인이라니, 그건 금융인에게 최고의 찬사 아닌가요?"

"그런가?"

홍 팀장은 겉으로 표현하지 않았지만 무척 기분이 좋았다. 재단에서 일하면서부터, 아니 어쩌면 재단으로 오기 전부터 홍 팀장이 꿈꾸던 말이었다.

"그런데 실망입니다."

"왜 그런가?"

"좋은 건 나눠야지요. 저도 듣고 싶습니다. 그 트리즈인가 뭔가 말입니다."

홍 팀장은 김 차장에게 다음에 같이 가자고 말했다. 그러나 김 차장은 이번 주 토요일에 함께 가면 안 되겠냐고 물었다. 홍 팀장은 고개를 끄덕이며 시간과 장소를 알려주었다.

"그럼 팀장님이 허락해주셨으니 오늘 저녁은 제가 사겠습니다. 길 사장 일도 잘 해결됐잖아요."

마침 홍 팀장도 김 차장과 같은 생각이었다. 해결 방법이 없을 것만 같았던 길 사장 문제가 잘 해결됐다. 만약 트리즈를 만나지 못했다면 아직도 길 사장 문제와 씨름하고 있었을 것이다. 홍 팀장은 트리즈에 흥미를 느꼈다. 인터넷과 서점에서 트리즈 관련 내용을 찾아서 읽었다.

'창조적 문제 해결 이론이라…….'

홍 팀장은 인터넷으로 주문한 『생각의 지름길』이라는 책이 어서 오기만을 기다렸다.

"자, 어디로 모실까요?"

홍 팀장은 따로 움직이는 것보다 같이 움직이는 게 편할 것 같아서 김 차장 차를 타고 가기로 했다.

"자네 흑돈향이라고 아나?"

"아, 월드컵경기장 쪽에 있는 흑돼지 구이 전문점이요. 거기 연탄 구이가 끝내주죠."

"거기로 가지."

"요즘에는 뭍사람들이 바글바글해서 주민들도 예약하고 간답니다."

평일 저녁인데도 주차장에는 차들이 가득했다. 그만큼 많은 사람에게 알려진 맛집이기도 하지만, 홍 팀장이 흑돈향을 찾는 데에는 특별한 이유가 있었다.

흑돈향은 원래 하우스 건물에서 식물을 재배해 파는 곳이었다. 그러다 식당으로 업종을 전환하려고 했는데 문제가 생겼다. 하우스를 뜯고 건물을 짓자니 너무 많은 비용이 들었다. 흑돈향 주인이 신용보증재단으로 홍 팀장을 찾아와 고민을 이야기했다. 홍 팀장은 직접 흑돈향 하우스를 둘러보며 생각의 그물을 펼쳤다.

'하우스를 뜯지 않는다. 건물을 짓지 않는다……. 고기를 굽는 데 꼭 건물이 필요한가?'

홍 팀장은 하우스를 뜯지 않고, 지붕에 샌드위치 패널을 넣어 부속 건축물로 허가를 받는 방법을 선택했다. 테이블 비용도 만만치 않아서 드럼통을 얻어다 테이블로 사용했다. 연료비 또한 감당하기 어려워서 연탄을 사용했고, 버려진 엔진 오일 통을 가져와 깨끗이 씻고 용접해서 카운터로 사용했다. 그야말로 형편에 맞게 최소 비용으로 탄생한 식당이었다. 식당 콘셉트는 '옛 추억을 살리는 흑돈향'이었다. 비록 창업 자금이 부족해 하우스와 연탄, 드럼통으로 만든 테이블로 탄생한 식당이지만, 오히려 그것이 사람들의 시선을 끌었고 옛 추억을 떠올리게 했다. 홍 팀장도 흑돈향에 올 때마다 옛 추억이 새록새록 살아났다.

물론 고기 맛도 어렸을 때 어머니가 연탄불로 구워주었던 고기 맛과 같았다. 홍 팀장과 김 차장은 자리에 앉자마자 한라산 소주와 흑돼지 구이를 주문했다. 여기저기 고기 굽는 냄새가 진동했다. 배가 고팠는지 홍 팀장은 자기도 모르게 침이 넘어갔다.

"안녕하세요, 팀장님."

흑돈향 주인이 홍 팀장에게 다가와 인사했다. 홍 팀장은 자리에서 일어나 주인과 악수했다. 주인이 가고 나자 김 차장이 물었다.

"아는 분이세요?"

"그럼, 예전부터."

"와, 팀장님은 제주에 모르는 사람이 없으시네요."

한라산 소주와 함께 기본 반찬이 나왔다. 김 차장이 홍 팀장에게 술을 따라주었다.

"따뜻한 금융인을 위하여!"

홍 팀장과 김 차장이 잔을 부딪쳤다. 둘은 '위하여'를 외치며 연거푸 몇 잔을 마셨다. 그래서 고기가 익을 때쯤부터 취기가 올라왔다. 화장실에 다녀온 김 차장이 재밌는 사진이라며 휴대 전화를 보여줬다.

"야구장에서 고기를 굽고 있어요. 이게 말이 됩니까?"

기사 제목도 '개념을 구워 드셨네'였다. 댓글에도 '이기적이다'라는 평이 많았다. 홍 팀장은 휴대 전화를 김 차장에게 넘겨주었다.

"자네도 그렇게 생각하나?"

"당연하지 않습니까. 야구를 보고 있는데 옆에서 누가 고기를 구워 봐요. 얼마나 신경이 쓰이겠어요."

"야구장에서 꼭 치킨이나 햄버거를 먹어야 하나? 삼겹살을 먹을 수도 있지."

"물론 그렇겠죠. 야구장에서 삼겹살을 먹으면 얼마나 맛있겠습니까? 눈도 즐겁고, 입도 즐겁고, 일거양득입니다. 단체 회식도 할 수 있겠죠. 하지만……."

"하지만?"

"야구장에서 저러면 곤란하죠. 옆 사람에게 피해를 주잖아요."

김 차장은 삼겹살이 아무리 맛있어도 야구장에서는 포기해야 한다고 말했다. 물론 홍 팀장도 다른 사람들에게 피해를 주는 건 옳지 않은 일이라 생각했다. 야구장에서 삼겹살을 먹는 사람과 안 먹는 사람 모두를 행복하게 만들 수는 없을까?

"야구장에서 삼겹살을 먹으며 야구를 보는 방법이라, 근데 저 아주머니는 왜 고기를 구우실까? 그것도 야구장에서."

"당연히 먹으려고 그러겠죠. 아니면 아이나 남편 먹이려고."

"그렇지? 그러면 그 아주머니는 행복할까?"

"당연히 자신은 행복하겠죠, 맛있는 걸 먹는데."

"그런데 주위 사람들은 음식 냄새 때문에 불쾌하고, 그래서 문제가 되는 것이지?"

"나의 행복이 남의 불행이네요."

김 차장의 농담에 홍 팀장도 함께 웃었다.

"팀장님이 이 문제를 해결하면 제가 야구장에서 회식 쏘겠습니다."

"정말인가?"

"그럼요. 저는 한 입으로 두말하지 않습니다."

홍 팀장은 길 사장 때의 문제 해결 방식을 다시 떠올렸다. 우선 '직간접'의 문제는 아니었다. 홍 팀장은 '심리적 타성'을 주의하며 다양한 문제 해결 방법을 생각하기 시작했다.

관점을 바꾸면 새로운 문제가 보인다

"팀장님. 정말 이런 것도 트리즈로 풀 수 있나요?"

"그렇겠지. 실생활에서 어떤 문제든 적용 가능하다고 했으니까."

"그것참 신기하네요. 힘내세요."

김 차장은 흑돼지 구이가 정말 맛있다며 큰 상추쌈을 한입에 넣었다. 아마도 문제를 풀 수 없을 것이라고 확신하는 것 같았다. 홍 팀장은 천천히 문제를 다시 생각했다. 야구장은 야구를 보는 곳이다. 삼겹살을 구우면 고기 냄새와 연기 때문에 주위 사람들이 불쾌해진다. 그런데 다시 생각해보면 야구장은 야구를 보는 곳이지만 치킨, 햄버거를 먹으며 맥주를 마시는 곳이기도 하다. 먹는 즐거움 또한 있는 곳이다. 삼겹살을 굽고도 주위 사람이 행복하면 된다. 또는 삼겹살을 굽지 않고도

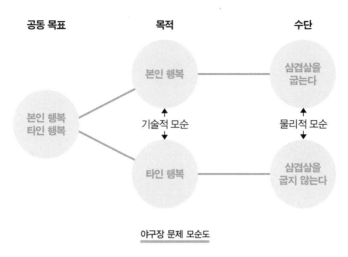

| 공동 목표 | 목적 | 수단 |

본인 행복 타인 행복	본인 행복	삼겹살을 굽는다
	↑ 기술적 모순 ↓	↑ 물리적 모순 ↓
	타인 행복	삼겹살을 굽지 않는다

야구장 문제 모순도

아주머니가 행복하면 된다.

"대충 문제를 푼 것 같군."

"정말요?"

"자, 이렇게 문제를 해결할 수 있을 것 같아."

홍 팀장은 모순도를 보면서 차근차근 설명해나갔다.

"야구장은 야구를 보는 곳이지만, 야구를 보면서 맛있는 음식을 먹는 재미 또한 빼놓을 수 없는 곳이지. 인기 선수들의 이름과 별명이 붙은 음식이나 지역 특산물 등을 파는 야구장도 많아. 김 차장도 말했지만 야구를 보면서 삼겹살을 먹는다면 얼마나 맛있을까? 그래서 말인데, 이건 어떨까? 야구장에 삼겹살을 구워 먹을 수 있는 곳을 따로 마련하는 거야. 가스버너랑 불판이 있어서 먹고 싶은 것만 사 오면 돼. 야구를 보면서 삼겹살을 먹고 싶은 사람들에게는 분명 행복한 소식일 거야. 또한 야구를 보면서 삼겹살을 먹고 싶지 않은 사람들에게도 피해가 가지 않겠지."

"와, 정말 이런 방법이 있을 줄은 상상도 못 했어요. 이론상으로만 가능한 거겠죠?"

"아니, 이미 하는 데가 있어."

홍 팀장은 전화기를 꺼내 뭔가를 검색했다. 그리고 전화기를 김 차장에게 보여주었다. 김 차장은 눈을 깜빡이며 고개를 흔들었다.

"정말 있었네요. 여기가 어디죠?"

"인천에 있는 문학구장이야."

"팀장님은 어떻게 아셨어요?"

"그야 검색해서 알았지."

"그럼 반칙이잖아요."

"이건 '수단'이라는 거네. 많이 아는 만큼 문제를 해결하는 데 도움이 되는 거지. 인천 사람들과 야구를 좋아하는 사람들은 아마도 우리보다 쉽게 이 문제를 풀었을 거야."

문학구장은 2009년부터 외야석에 바비큐 존을 설치하고 100석 이상을 운영하고 있었다. 인기가 높아서 예약하지 않으면 이용할 수가 없을 정도라고 한다. 야구장에서 삼겹살을 굽는 사람을 비난하는 사람들의 시각도 맞다. 또한, 이를 기회로 삼아 바비큐 존을 만든 문학경기장의 선택도 맞다.

"팀장님, 야구장 회식을 위해서 인천까지 가야 하나요?"

"자네가 원한다면."

"아, 입이 방정이네요."

홍 팀장은 김 차장을 바라보며 슬쩍 미소를 지었다.

"혹시, 제주 월드컵경기장에도 바비큐 존을 만들 수 있을까요?"

"그것도 트리즈로 한번 풀어볼까?"

홍 팀장과 김 차장은 크게 웃었다.

하늘 아래 새로운 문제는 없다

홍 팀장은 길 사장 문제를 해결하는 데 많은 도움을 준 김익철 선생에게 보답하고 싶어서 선생과 저녁을 먹기로 했다. 같이 강의를 들었던 김 차장도 동행했다.

"길 사장 문제가 잘 풀렸다니 다행입니다."

"다 선생님 덕분입니다. 선생님께서 도움을 주셔서 잘 해결됐습니다. 고맙습니다."

홍 팀장이 김익철 선생에게 고개를 숙였다. 김익철 선생은 물을 한 모금 마셨다.

"트리즈 덕분이지요. 저는 트리즈에서 배운 걸 알려드렸을 뿐입니다."

"요즘엔 선생님께서 말씀해주신 책을 보고 있습니다."

"아, 『생각의 지름길』 말이군요."

"이해하기 쉬운 부분도 있고, 어려운 부분도 있습니다."

정말 그랬다. 김익철 선생의 강의가 책을 이해하는 데 많은 도움이 됐다.

'창조란 다른 사람이 풀지 못하는 모순을 푸는 것이다. 문제가 해결되지 않은 건 아직도 숨어 있는 모순이 남아 있어서다.'

이런 것들은 어렴풋이 이해가 됐다.

"어려운 부분을 말씀해주시면 설명해드리겠습니다."

"저, 선생님. 저녁 드시는데 질문을 드려도 될지 모르겠습니다."

김 차장이 머리를 긁적이며 말했다.

"네, 괜찮습니다."

"오늘 강의 잘 들었습니다. 선생님께서 말씀해주신 '규칙성'이란 게 아직도 이해가 가지 않습니다."

"아, 그거요. 한마디로 말씀드리면 '반복되는 것'입니다.

"반복이요?"

김 차장은 이해가 가지 않는 표정이었다. 그러자 김익철 선생이 다시 말을 이었다.

"먼저 김 차장님께 몇 가지 질문을 드리겠습니다."

김 차장은 먼저 질문을 했는데 되레 질문을 당하니 당황스러웠다. 김익철 선생이 웃으며 말했다.

"긴장하지 않아도 됩니다. 만약 여자를 소개해준다고 한다면 10대

남자는 어떤 여자를 원할까요?"

"당연히 예쁜 여자죠."

망설임도 없이 김 차장이 대답했다.

"그러면 20대는요?"

"예쁜 여자죠."

"그러면 저 같은 50대는 어떨까요?"

김 차장이 잠시 망설이자 김익철 선생이 웃으며 말했다.

"당연히 예쁜 여자입니다. 90세가 되어도 남자는 예쁜 여자를 원해요. 조선 시대 남자들도 중국 남자도, 미국 남자도 예쁜 여자를 원해요. 이렇듯 변하지 않고 반복되는 것을 규칙성이라고 합니다."

"당연한 것 아닙니까? 남자들이 예쁜 여자를 좋아하는 것은?"

"그럼 김 차장님께 다시 묻겠습니다. 양귀비라고 아세요?"

"예, 중국 미녀 아닌가요?"

"만약, 키 155센티미터에 몸무게 65킬로그램이라면 요즘 말하는 미인의 기준으로 봤을 때, 어떤가요?"

잠시 망설이다 김 차장이 말했다.

"미인이라기보다는 건강한 체형이죠."

"그렇죠. 그렇게 달라지는 것이 있습니다. 하지만 남자가 미인을 좋아하는 것은 변하지 않죠."

김익철 선생이 다시 물었다.

"물은 몇 도에서 끓는다고 배우셨죠?"

김 차장은 잠시 망설이다가 100도라고 대답했다. 그러자 다시 물었다.

"구구단에서 4곱하기 9는 얼마죠?"

"36입니다."

김익철 선생이 웃으며 말했다.

"물이 끓는 온도가 50도이기도 하고, 70도이기도 하고, 100도이기도 한다면, 우리가 그것을 배웠을까요? 4곱하기 9가 20이기도 하고 35이기도 한다면 우리가 그것을 배웠을까요?"

김 차장은 김익철 선생이 무슨 말을 하는지 몰라 혼란스러웠다.

"우리가 배우는 모든 지식은 반복되는 것, 즉 보편성을 가지는 것에 한정됩니다. 문제도 마찬가지입니다. 과거의 문제가 반복되는 겁니다. 그래서 트리즈에서는 '하늘 아래 새로운 문제는 존재하지 않는다'라고 말합니다."

김익철 선생은 세 가지의 사례를 이야기해주었다.

"첫 번째 사례는 조각 수박입니다. 수박은 먹고 싶은데 한 통을 다 먹기는 부담스러운 사람들이 있습니다. 이 문제를 해결하기 위해 수박을 조각으로 팔기 시작했습니다. '수박을 사 먹는다'와 '사 먹지 않는다'는 문제를 해결한 거죠.

두 번째 사례는 고기와 채소를 따로 볶을 수 있는 프라이팬입니다. 고기와 채소를 볶을 때 문제는 '식지 않으려면 한 번에 볶아야 하고, 채소에서 물이 나와 고기가 맛이 떨어지기 때문에 따로 볶아야 한다'는 문제를 해결한 겁니다."

세 번째 사례는 내솥 중간에 분리대를 넣어 두 가지 조리를 가능하게 한 밥솥입니다. '쌀밥도 먹고 싶고, 잡곡밥도 먹고 싶을 때 두 번 밥을 해야 한다'는 문제를 해결한 겁니다. 사례들의 공통점을 이해하시겠습니까?"

김 차장이 홍 팀장을 바라봤다. 홍 팀장은 곰곰이 생각했다. 수박도, 프라이팬도, 밥솥도 모두 나뉘어 있다는 공통점이 있었다.

"예. 전부 나뉘어 있습니다."

"맞습니다. 세 개의 다른 문제가 있었지만, 모두 나눈다는 동일한 해결책으로 문제를 풀었습니다. 이렇게 동일하게 존재하는 것이 규칙성이란 개념입니다. 모든 문제에는 시간·공간·조건이라는 규칙성이 존재합니다."

홍 팀장과 김 차장이 고개를 끄덕였다.

투명인간 이야기

"트리즈로 제 동생 문제도 해결할 수 있을까요?"

어느 날 회식이 길어지자 하나둘 집으로 돌아가고 홍 팀장과 김 차장 그리고 강 대리만 남았을 때였다. 술을 많이 마신 김 차장은 의자에 앉아 꾸벅 졸고 있었다. 홍 팀장도 시간을 보고 이제 마무리를 해야겠다고 생각했다. 화장실에 다녀온 강 대리가 홍 팀장을 바라봤다.

"트리즈가 정말 모든 문제를 해결할 수 있나요?"

홍 팀장은 너무 갑작스러워서 멍하니 강 대리를 바라봤다. 강 대리가 어떻게 트리즈를 알고 있는 것인지도 궁금했다.

"김 차장님이 말했어요. 그걸로 길 사장 문제를 해결했다면서요."

"그렇긴 하네만······."

"제 동생 문제도 해결할 수 있는 건가요?"

강 대리는 한숨을 크게 내쉬고는 천천히 이야기를 시작했다.

"여동생이 회사에서 따돌림을 당하는 것 같아요. 귀엽게 생겨서 인기도 많고, 성격도 밝은데 왜 그런지 모르겠어요."

"동생이 그렇게 말하던가요?"

"얼마 전에 같이 저녁을 먹었는데, 갑자기 눈물을 흘리더라고요. 아무 말도 없이……. 한참 그러고 있다가 제게 말했어요. 회사에 가기 싫다고. 일도 자기한테만 너무 많이 시키고, 혹여 실수라도 하면 눈물이 쏙 나올 만큼 뭐라 한대요."

"동생분한테만 특히 그런다는 거죠?"

"그런가봐요. 동생이 신입 때 했던 일을 지금도 하고 있대요. 신입이 버젓이 있는데도 자기한테만 시킨대요. 다 같이 웃고 있던 자리에 동생이 나타나면 조용해지고, 뭘 물어도 아주 짧게 대답해주고 그러나봐요. 벌써 여러 번 울면서 이직을 생각했던 거 같아요."

홍 팀장은 직장 내 왕따 문제가 있다는 것은 알고 있었지만 이렇게 가까운 곳에 있을 줄은 몰랐다. 어느새 강 대리의 눈시울에 눈물이 어리었다.

"차별은 참을 수 있지만, 투명인간 취급하는 건 참을 수 없다고 동생이 말했어요. 퇴근하고 집에 오면 멍하니 있을 때가 많고, 가끔 예민하게 짜증을 내곤 해요. 잠도 잘 못 자는 것 같아요."

"그 외에 다른 문제는 없나요?"

"글쎄요. 지금은 얘기도 잘 안 해요. 트리즈가 이런 문제도 해결할 수 있을까요?"

자고 있던 김 차장이 기지개를 켜며 눈을 떴다. 홍 팀장이 김 차장을 택시에 태웠다. 곧이어 도착한 택시에 강 대리가 올라탔다. 강 대리는 창문을 내리고 홍 팀장에게 인사를 했다. 홍 팀장은 강 대리의 미소가 마음에 걸렸다. 지금껏 얼마나 답답했으면 자기한테 그런 이야기를 했을까. 홍 팀장은 강 대리가 탄 택시가 멀리 사라질 때까지 손을 흔들었다.

세상에 없는 아이

그렇게 며칠이 지났다. 강 대리는 평소와 다름없이 홍 팀장을 대했고, 일도 열심히 했다. 홍 팀장도 그런 강 대리에게 별 이야기를 하지 않았다. 그러고 보니 최근 학교와 직장에서 왕따 문제가 심각하다는 신문 기사를 본 적이 있었다. 갈수록 잔혹해지는 만큼 피해자가 받는 상처도 깊어서 우울증을 앓거나 삶을 포기하는 사람도 있다고 한다. 직장 내 왕따 문제는 신입과 경력자을 가리지 않았다. 텃세를 부리거나 의견을 무시하고, 대화에 끼워주지 않는 등 왕따 방법도 여러 가지였다. 얼마 전 자신이 왕따였다고 고백한 어느 연예인의 기사가 한동안 검색어 상위에 오르기도 했다.

홍 팀장은 커피를 마시며 지그시 눈을 감았다. 사실 홍 팀장에게도 남모를 과거가 있었다. 상처라고 하면 상처였고, 추억이라고 하면 추억이었다. 홍 팀장은 강 대리를 바라보며 한동안 잊고 지냈던 과거를 떠올렸다.

어머니의 손을 잡고 학교 운동장을 걸어갔다. 홍 팀장의 나이 여덟 살, 이제 막 초등학교에 입학하기 위해서였다. 그런데 행정실장이 홍 팀장과 어머니를 번갈아 보며 고개를 흔들었다.

"무슨 문제라도 있나요?"

"어머니, 여기를 좀 보십시오."

행정실장이 홍 팀장의 어머니에게 서류를 보여주며 말했다.

"무슨 문제가 있었는지 모르겠으나 이 아이는 세상에 없는 아이입니다. 서류상으로 말이죠."

어머니는 휘둥그레진 눈으로 서류를 들여다봤다. 아들의 이름이 서류에 보이지 않았다. 출생 신고를 하지 않았던 것이다. 가난한 살림에 하루하루 어렵게 살아가던 시절이라 차마 신경을 쓰지 못했던 것이다. 홍 팀장의 어머니는 그제서야 부랴부랴 신고를 했고, 다행히 학교에 입학할 수 있었다.

가족이 모두 일을 나가면 홍 팀장은 혼자 집에 있었다. 닭 모이도 주고, 도끼로 장작도 패면서 집안일을 도왔다. 어쩌다 마을에 잔치가 있는 날이면 친구들은 모두 부모님의 손을 잡고 구경을 갔지만 홍 팀장은 그럴 수 없었다. 친구들이 맛있는 것을 먹는 동안에 집안일을 하며 혼자 지냈다. 그러다 보니 친구들도 자기들끼리만 어울렸다. 길에서 마주쳐도 알은척을 안 했고, 가끔 어울려 놀 때는 매번 자신만 술래가 됐다. 일부러 싸움을 걸어올 때도 있었다. 그럴 때면 홍 팀장은 자기편이 하나도 없는 것 같았다.

'어떡하면 문제를 해결할 수 있을까.'

그때부터 홍 팀장은 자기를 무시하거나, 따돌리는 아이들과 싸우기 시작했다. 그래야 문제가 해결될 것 같았다. 일부러 시비를 거는 아이와 대판 싸우고 나면 모두 홍 팀장을 피했다. 문제를 해결해야 한다는 생각으로 정말 악착같이 달려들어 상대를 쓰러뜨렸다. 그러자 조금씩 상황이 바뀌기 시작했다. 싸움을 잘하는 홍 팀장 곁으로 아이들이 몰리기 시작한 것이다. 홍 팀장이 뭐라고 하지 않아도 스스로 홍 팀장을 따랐고, 심지어 먹을 것과 만화책 등을 가져다주기도 했다.

홍 팀장을 눈여겨보던 선생님의 추천으로 난생처음 씨름 대회에도 나갔다. 키가 큰 아이도, 희멀겋게 생겨 배가 불룩 나온 아이도 홍 팀장의 적수가 되지 못했다. 결과는 제주도 씨름왕. 경운기를 타고 해변을 달리면서 홍 팀장은 눈물을 흘렸다. 말썽꾸러기라고 손가락질하던 어른들도 모두 나와 반겨주었다. 지금도 기억나는 건 그때 상품으로 받은 가스레인지다. 아궁이에 장작불로 밥을 하던 시절이라 가스레인지는 신기하고 귀한 물건이었다.

다행히 좋은 사람들을 만나면서 홍 팀장의 인생도 많이 바뀌었다. 친구들이 그 시절 이야기를 할 때마다 얼굴이 붉게 달아올랐다. 그리고 미안했다. 지혜가 선물해준 책 제목이 떠올랐다. 『지금 알고 있는 걸 그때도 알았더라면』.

'정말 지금 알고 있는 걸 그때도 알았더라면 더 현명하게 문제를 해

결할 수 있었을 텐데.'

순간, 강 대리와 눈이 마주쳤다. 당황한 홍 팀장에게 강 대리가 미소를 지었다. 홍 팀장도 고개를 끄덕였다.

'그래, 트리즈로 무엇이든 해결할 수 있다고 했어.'

홍 팀장이 노트를 꺼냈다. 그리고 왕따를 해결할 수 있는 모순도를 그리기 시작했다.

'직장 상사와 동료들이 강 대리의 동생을 왕따시키지 않으면 된다. 그러면 동생은 행복한 직장 생활을 할 것이다. 그런데 왜 왕따를 시킬까?'

김익철 선생은 '물리적 모순은 같은 수단을 상반되게 해야 한다'고 말했다. 그러면 '왕따를 한다'로 적어야 한다. 왕따를 한다니? 그건 논리적으로 말이 되지 않는다. 한참을 고민했지만 이번에는 모순도가 잘 그려지지 않았다. 홍 팀장은 김익철 선생이 강의를 위해 제주도로 돌아오는 토요일에 물어봐야겠다고 생각했다.

호가호위
狐假虎威

강의가 끝난 후 홍 팀장은 자신이 그린 모순도를 보여주며 김익철 선생에게 질문했다.

"직장 동료의 동생이 직장에서 겪고 있는 왕따 문제입니다. 모순도가 그려지지 않네요. 왕따는 나쁜 것 아닙니까? 사회적으로도 큰 문제가 되고 있고요."

김익철 선생은 모순도를 보며 잠시 생각한 후 말을 꺼냈다.

"좋은 왕따도 있기는 합니다. 홍 팀장님"

'좋은 왕따라니?'

홍 팀장은 생각지도 못한 말에 말문이 막혔다.

"일본의 한 유치원에서 어느 부모가 아이들을 향해 머리를 숙이며 사죄하는 사진을 본 적이 있습니다."

"왜요?"

"한 아이가 다른 아이들보다 덩치가 크고 힘이 셌던 모양입니다. 그래서 뭐든지 자기 마음대로 하려고 다른 아이의 장난감을 뺏고, 괴롭혔답니다."

"그래서요?"

"그러자 약한 아이들이 뭉쳐서 그 아이를 왕따시켰던 모양입니다. 같이 놀지도 않고, 만약 한 아이가 장난감을 뺏기면 다른 아이들이 함께 달려들어서 그 아이를 혼내고……. 결국 부모가 와서 사죄를 한 후에야 아이들이 용서해주었답니다."

홍 팀장은 고개를 끄덕였다. 그리고 아직도 공부할 것이 많다고 생각했다.

"이 문제는 수단을 다시 봐야 합니다."

"수단이요?"

"예. 그분이 왜 직장에서 왕따를 당하죠?"

"그거야 상사가 그러니까요. 직장에서는 상사가 절대 갑 아닙니까?"

"그러면 그분이 직장을 그만둬도 왕따를 당하나요?"

홍 팀장은 김익철 선생을 멀뚱멀뚱 바라봤다. 직장을 그만두면 왕따는 해결된다. 하지만 직장을 그만두라고 할 수는 없는 노릇이다.

"먼저 모순도를 그려보세요."

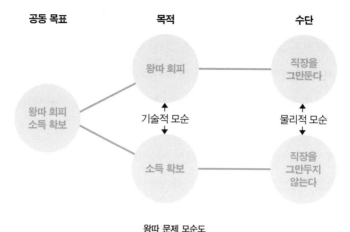

| 공동 목표 | 목적 | 수단 |

왕따 회피 → 직장을 그만둔다

왕따 회피 소득 확보

기술적 모순

물리적 모순

소득 확보 → 직장을 그만두지 않는다

왕따 문제 모순도

홍 팀장은 김익철 선생의 말대로 모순도를 그려보았다. 분명히 논리적으로는 말이 됐다. 직장을 그만두면 왕따 문제는 해결된다. 하지만 돈을 벌 수 없고, 생활이 불가능하다. 이 문제를 해결하지 못하기에 많은 사람들이 불행하다고 생각하면서도 직장을 다니고 있지 않은가. 김익철 선생이 홍 팀장의 마음을 훤히 들여다보는 듯이 웃었다.

"경제력이 있었다면 벌써 직장을 그만두었겠죠. 이런 문제는 양쪽을 다 살펴봐야 합니다. 혹시 아는 분의 동생한테도 문제가 있었던 것은 아닌지 말이죠."

"귀엽게 생겨서 인기도 많고 성격도 밝다는데요?"

"홍 팀장님, 혹시 뱀 좋아하세요?"

"아뇨, 제일 싫은 것이 뱀입니다."

"그럼 뱀을 키우는 사람들은 뱀이 싫고 마음에 들지 않는데도 키우는 걸까요?"

홍 팀장은 분명 뱀을 싫어했다. 그러나 뱀을 키우는 사람들은 뱀이 좋아서 키울 것이다.

"여하튼 우선은 정보가 부족하니 아는 분의 동생이 피해자라고 생각해보죠. 모순 해결 방향은 어디죠?"

"직장을 그만두지 않고 왕따에서 해방되는 겁니다."

"맞습니다. 그러기 위해서는 가해자들이 마음을 바꾸면 되겠죠."

"하지만 어떻게 바꾸죠?"

"그렇다면 가해자들은 왜 마음을 안 바꿀까요, 홍 팀장님?"

김익철 선생은 항상 그랬던 것처럼 문제의 답이 아니라, 질문과 사례를 통해 답을 생각하게 했다.

첫 번째 사례는 여성 청각 장애인 이야기였다. 그녀는 생산직으로 취직했는데, 동료들이 그녀를 장애인이라는 이유로 배척했다고 한다. 하지만 그녀는 화를 내거나 싸우지 않고 동료들의 빨래나 심부름을 해주면서 호감을 얻으려 노력했으며, 결국 동료들이 그녀에게 마음을 열었다는 이야기였다.

두 번째 사례는 드라마 〈미생〉에서 왕따를 당했던 안영이라는 캐릭터가 어떻게 동료의 호감을 얻어냈는가를 생각해보라고 말했다.

세 번째 사례는 중국 춘추전국 시대의 이야기로 '호가호위狐假虎威'라는 고사를 말해주었다.

어느 날 호랑이한테 잡아먹힐 상황에 처한 여우가 말했다.

"만약 네가 나를 잡아먹으면, 너는 나를 모든 짐승의 우두머리로 정하신 천제의 명을 어기게 되어 천벌을 받게 될 것이다. 만약 내 말을 못 믿겠다면 당장 내 뒤를 따라와 봐. 나를 보고 달아나지 않는 짐승은 단 한 마리도 없을 테니까."

그래서 호랑이는 여우를 따라가 보았더니 여우의 말대로 만나는 짐승마다 혼비백산하여 달아났다. 사실 짐승들을 달아나게 한 것은 여우 뒤에 있는 호랑이었는데도, 호랑이 자신은 그걸 전혀 깨닫지 못했다.

"그분은 지금 네거티브 피드백에 빠진 것 같습니다."

"네거티브 피드백이요?"

"아, 죄송합니다. 악순환이요."

김익철 선생이 말을 정정했다.

"통계학적으로 봤을 때 가난한 집 아이들이 다시 가난해질 확률이 높다고 합니다. 왜 그럴까요?"

홍 팀장은 여러 가지 이유를 생각했다. 그 사이 김익철 선생은 그림을 그렸다.

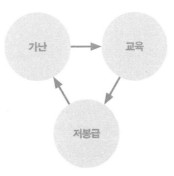

"가난하면 고등교육을 받을 수 없죠. 그래서 월급이 많은 일을 얻기 어렵습니다. 그러면 다시 가난해지죠. 그래서 그들의 자녀도 고등교육을 받을 수 없다는 악순환이 생기는 겁니다."

"직장에서 왕따를 당하면 주눅이 들겠죠. 그러면 사람들을 피하게 되고, 그럴수록 더욱 왕따가 고착되는 구조입니다. 또 하나 중요한 점은 다른 사람이 해결의 실마리는 줄 수 있지만 결국 본질적인 문제는 본인이 해결해야 한다는 겁니다. 누군가의 도움으로 문제를 해결한다면, 영원히 스스로 젖을 뗄 수 없을 테니까요. 가장 효과적인 해결책은 호가호위입니다. 그런 종류의 사람들에게 잘 먹히는 방법이지요. 그리고 잠시 병가를 내서 악순환에서 벗어나는 것도 좋은 방법입니다."

홍 팀장은 그제야 길이 보이는 것 같았다. 강 대리의 동생 문제로 시작됐지만, 요즘 사회적으로 왕따 문제가 심각하다는 것을 잘 알고 있었다. 언제, 누가 왕따가 될지는 알 수 없었다. 그만큼 직장 내 왕따 문제는 누구에게나 신경 쓰이는 문제이지 않을까 생각했다.

끝까지 포기하지 않겠습니다

'회사는 전쟁터지만, 밖은 지옥이다.'

드라마 〈미생〉을 보면서 김 차장은 마음이 아팠다. 그렇다, 회사는 '전쟁터'다. 출근하자마자 시작되는 회의와 쉴 새 없이 울리는 전화기, 보고서를 만들고, 확인받고, 또다시 쓰고……. 그뿐인가? 시키는 것도 많지만 거기에 눈치도 봐야 한다. 개인전과 팀전을 모두 잘해야 하는 곳이 바로 회사다. 그나마 다행인 것은 그래도 누군가는 살아남는다 는 것이다. 그게 내가 될지 상대가 될지는 모르지만 말이다. 순간 김 차 장은 한숨이 나왔다. 전쟁이라는 단어에서 오는 섬뜩함과 아직은 살아 있다는 안도감이 교차했다.

밖은 '지옥'이다. 대부분 삶의 벼랑 끝에 서서야 비로소 신용보증재단의 문을 두드렸다. 친구에게 배신당한 사람, 사기당한 사람, 대출금 때문에 거리로 나앉은 사람 등 안타까운 사연은 이루 말할 수 없을 정도로 많았다.

'그래, 밖은 정말 지옥이구나.'

김 차장은 그런 사람들과 종일 상담하고 나면 마음이 심란했다.

"살아도 사는 게 아니야."

오늘도 신용보증재단을 찾아온 승훈이 그렇게 말했을 때, 김 차장도 고개를 끄덕일 수밖에 없었다. 승훈은 김 차장과 오랜 친구다. 초등학교와 중학교를 같이 다녔다. 승훈은 일찍부터 사회 경험을 쌓아서 안 해본 일이 없었다. 경험도 많고 늘 열심히 사는 친구라 동창들 사이에서도 칭찬이 자자했다. 지금은 작은 고깃집을 하고 있지만, 과거에는 친구와 함께 제법 큰 고깃집을 운영했다. 처음 몇 달은 순풍을 만난 배처럼 모든 일이 잘 풀렸다. 손님도 많았고, 맛집으로도 유명해졌다. 그런데 돈이 모이기 시작하자 승훈의 친구가 다른 친구를 데리고 왔다. 이렇게 잘 될 때 분점을 내야 한다며 믿고 같이 일할 수 있는 친구라고 소개했다. 승훈은 조금 더 시간이 지나고 나서 분점을 내자고 말했다. 친구는 포기하지 않았다. 차츰 승훈도 친구의 말에 이끌려 분점을 내는 데 동의했다. 다행히 분점 또한 손님이 많았다. 승훈도 몇 번 확인한 뒤로는 신경 쓰지 않았다. 너무 바쁘기도 했고, 친구가 소개해준 사람이라 믿고 맡겼다. 몇 개의 분점을 더 내느라 승훈은 부모님의 퇴직금을 빌리고 대출도 받았다. 매일 저녁 줄 지어 기다리는 손님을 보며 아무 문제없을 것이라 생각했다.

그런데 어느 날부터 친구가 분점을 관리한다며 밖으로 돌기 시작했다. 그때도 의심 하나 없이 그런가 보다 생각했다. 하지만 하루 이틀 시간이 지날수록 친구와 점점 연락이 되지 않았다. 친구의 친구를 찾아 분점에 갔지만 이미 다른 사람에게 고깃집을 넘기고 사라진 후였다. 다른 분점도 사정은 마찬가지였다. 심지어 문서상으로만 존재하는 분점도 있었다. 승훈의 고깃집도 이미 다른 사람에게 넘어갔다. 믿었던 친구가 배신하는 바람에 승훈은 하루아침에 모든 것을 잃게 됐다. 부모님 퇴직금과 전세 자금을 모두 날렸다. 남은 건 대출금과 이자 그리고 작은 고깃집뿐이었다. 그래도 승훈은 희망을 놓지 않았다. 새벽같이 일어나 시장에 다니며 질 좋은 고기와 밑반찬 거리를 샀고, 손님들에게 정성을 다했다. 단골도 제법 생겼지만 대출금과 부모님 퇴직금만 생각하면 아직도 한숨이 절로 나왔다.

"너 찾아가 보라고 친구들이 말해서……."

"그래. 나도 보탬이 될 방법을 한번 찾아볼게."

"고맙다. 한때는 사라진 친구를 원망하고 왜 하필 나한테 이런 일이 생기나 했는데, 이젠 다 잊었어. 무슨 일이 있어도 끝까지 포기하지 않을 거야."

승훈은 비록 지옥일지라도 반드시 살아남겠다는 의지를 보였다. 그동안 얼마나 마음고생을 했겠는가. 다시 지옥으로 돌아가는 승훈을 보며 김 차장은 그가 포기하지 않도록 해결책을 찾아야겠다고 다짐했다.

풍파를 건너는 삶

김 차장의 표정이 심상치 않았다. 어제 오후부터 무언가 깊이 생각하는지 말도 별로 없었다. 점심도 먹는 둥 마는 둥. 아무튼 평소의 김 차장이 아니었다. 홍 팀장은 슬쩍 김 차장 곁으로 다가갔다. 여전히 김 차장은 깊은 고민에 빠져 있었다. 홍 팀장이 옆에 다가온지도 모를 정도였다.

"김 차장."

"네? 아, 네."

김 차장이 깜짝 놀라며 일어섰다.

"죄송합니다, 팀장님. 제가 잘 못들었습니다."

"뭘 말인가?"

"아, 그게……. 뭐 시키신 거 아닌가요?"

김 차장이 어리둥절한 표정으로 홍 팀장을 바라봤다. 홍 팀장은 순간 웃음이 나왔다. 김 차장이 이렇게 정신을 놓을 때도 있었나. 김 차장이 무슨 생각을 하고 있는지 궁금했다.

"잠시 바람이나 좀 쐬자고."

홍 팀장은 김 차장을 데리고 밖으로 나갔다.

"아, 햇살 한번 좋다. 바람도 선선하니 말이야. 안 그래, 김 차장?"

"정말 좋네요, 팀장님."

"이렇게 좋은 날 왜 혼자만 인상 쓰고 있어? 보라고, 지나가는 사람 모두 웃고 있잖아."

"그러게요. 어떻게 지옥에서 저리들 웃고 있을까요?"

"지옥? 그게 무슨 소리야?"

"드라마에서 그러더라고요. 회사는 전쟁터고, 밖은 지옥이다."

김 차장은 멍한 눈으로 하늘만 바라봤다. 홍 팀장은 김 차장에게 무슨 문제가 있는 건 아닌지 걱정이 됐다.

"무슨 문제 있나, 김 차장?"

"아니요. 제 문제가 아니라 친구 문제입니다."

홍 팀장은 그나마 마음이 가벼워졌다. 누구보다 의욕적으로 일하는 김 차장이었다. 무슨 문제가 생겨 김 차장에게 의욕이 사라지면 그거야말로 제일 큰 문제였다.

김 차장은 홍 팀장에게 어제 다녀갔던 승훈에 대해 말했다. 왜 사업이 어려워졌는지, 지금은 어떻게 지내고 있는지, 사업을 위해 무슨 일을 하고 있는지 등등 하나도 빼놓지 않고 그대로 전달했다.

"그 문제라면 창업자금지원 프로그램이나, 청년창업보증, 햇살론 등 다양한 방법이 있는데, 그게 고민인가?"

"아닙니다. 다른 분들은 모두 그렇게 지원해줬는데, 이번엔 좀 달라서요."

"어떤 점이?"

"글쎄요……."

"친구라 그런가?"

"특별히 친구라 그런 건 아니고요."

"그럼 뭐가 문제지?"

"신용보증재단의 자격 심사를 통과하면 지원은 문제없겠죠. 다만, 저는 승훈처럼 열심히 사는 사람들이 모두 잘 됐으면 좋겠어요."

홍 팀장은 지난날 자신의 모습을 돌이켜보았다. 신용보증재단에 입사해 처음 상담을 했을 때, 홍 팀장의 마음도 김 차장과 같았다. 열심히 사는 사람들 모두 성공해서 잘 살았으면 좋겠다고 생각했다. 홍 팀장은 축 처진 김 차장의 어깨를 살며시 두드렸다.

"살면서 누구나 풍파를 만나곤 하지. 그건 어쩔 수 없는 일이야."

"그래도 너무 가혹한 것 같아요. 태어날 때부터 돈 걱정 없이 사는 사람들도 있잖아요."

"정말 그럴까? 그렇게 행복해 보이던 사람들이 돈 때문에 싸우고, 갈라서는 걸 보면 그렇지도 않은 것 같아."

김 차장이 고개를 끄덕였다. 얼마 전 뉴스에서 기업을 차지하려고 형제끼리 싸우는 것을 본 김 차장은 홍 팀장의 말에도 일리가 있다고 생각했다. 김 차장이 다시 한 번 고개를 끄덕이자 홍 팀장이 말했다.

"풍파를 만난다고 해서 모든 배들이 다 난파당하는 건 아니잖아. 중요한 건 풍파를 만나지 않는 게 아니라, 풍파를 만나도 목적지까지 무사히 도착하느냐가 아닐까."

"어떻게 해야 무사히 도착할 수 있을까요?"

"문제 속에 답이 있는 것처럼, 위기 속에 기회가 숨어 있다고 했지. 도망가는 게 아니라 해결 방법을 찾는 거야. 지금 김 차장 친구는 아주 멋지게 해결 방법을 찾고 있어. 끝까지 포기하지 않는 것만큼 좋은 해결 방법이 어디 있겠나. 안 그래, 김 차장?"

하늘이 준 기회

승훈의 가게에서 회식을 하던 중 김 차장이 홍 팀장에게 물었다.

"어떻게 하면 팀장님처럼 될 수 있을까요?"

조금 전에도 같은 말을 했기 때문에 홍 팀장은 장난인 줄 알고 그냥 웃어넘겼다. 그런데 또다시 물은 것이다.

"나처럼?"

"홍 팀장님처럼……."

홍 팀장은 가만히 김 차장을 바라봤다. 술기운이 올라 얼굴이 울긋 불긋했다. 김 차장은 술기운을 이겨보려고 눈을 깜빡거렸고, 몇 번이나 자세를 고쳐 앉았다. 홍 팀장은 그런 김 차장을 보며 미소를 지었다.

'나도 저런 때가 있었지.'

그동안 얼마나 많은 일이 있었던가. 지난 일들이 주마등처럼 스쳐 갔다. 신용보증재단에 입사해 경제적 어려움을 겪고 있거나 담보가 부족한 기업을 지원함으로써 절망에 빠진 사람들에게 희망을 주면서 보람을 느꼈다. 그러나 대출자 중 일부는 사업에 실패해 돈을 갚지 못하거나, 자취를 감추기도 했다. 절망한 사람들을 독촉하는 것은 힘들고 아픈 일이다. 홍 팀장은 그들이 내민 손을 잡아주었던 그 손으로 그들을 더 깊은 수렁에 밀어 넣는 것만 같아서 견딜 수 없었다.

신용보증재단 평가에서 탈락해 지원받지 못한 기업이나 사람도 많았다. 그럴 때면 마음이 더 무거웠다. 하루는 어렸을 적 이웃에 살았던 사람이 찾아와 도움을 청했는데, 신용보증재단 평가에서 탈락했다. 아는 사람이라고 특별히 찾아왔다는데, 일이 그렇게 되니 참 난감했다. 친구, 학교 선배, 사돈에 팔촌까지 도와달라고 했다. 일이 자기 마음대로 풀리지 않으면 괜한 민원으로 직원들을 괴롭히는 사람도 있었다. 그러나 어디까지나 공정한 평가와 심사를 거쳐 지원되는 것이기에 어떠한 특혜도 허락되지 않았다.

그래도 마음의 부담은 사라지지 않았다. 홍 팀장은 지인에게 사업에 당장 필요한 돈을 빌려주기까지 했다. 물론 그 사람의 형편상 돈을 돌려받을 수 있을 것 같지는 않았다. 하지만 그렇게라도 해야 마음의 짐이 덜어질 것 같았다. 그리고 또 다른 지원을 받을 방법을 함께 고민했다. 다행히 그 사람은 몇 달 뒤 다른 곳에서 지원을 받아 사업을 이어나갈 수 있었고, 홍 팀장의 돈도 갚았다.

지금은 웃어넘길 수 있지만, 당시에는 감당하기 힘든 스트레스였다.

홍 팀장은 상황이 어려운 사람들을 만나고 상담하면서 적극적으로 해결 방법을 모색하려고 애썼다. 사기, 다툼 등 같은 일이 반복되는 이유와 패턴 등을 주의 깊게 보고 문제점을 파악했다. 상담을 받으러 온 사람들이 편하게 이야기할 수 있도록 분위기를 만들고, 잘잘못을 따지기 전에 먼저 그 사람들을 이해하려고 노력했다. 그렇게 하루하루를 보냈더니 어느새 20대 나이에 팀장이 됐다.

"아, 역시 아무나 하는 게 아니군요."

"하늘이 도왔다니까."

"네네, 그러시겠죠."

"정말이야, 하늘이 도와서 지금 이 자리까지 온 거라네. 어려운 사람을 도우라는 하늘의 뜻이지. 아니면 나처럼 못난 사람에게 기회를 줄리가 없어."

"존경합니다, 팀장님. 그런 의미에서 오늘은 제가 쏘겠습니다."

김 차장이 자리에서 일어섰다. 홍 팀장이 먼저 계산하려 했지만, 김 차장이 홍 팀장을 온몸으로 막았다.

"어허, 이 사람."

김 차장이 계산을 하려는데 친구인 승훈이 돈을 받지 않겠다고 말했다. 김 차장은 꼭 계산해야겠다고 말했다. 김 차장과 승훈이 카운터 앞에서 한참을 그러는 동안 홍 팀장이 옆에 있던 승훈의 아내에게 슬쩍 계산을 해버렸다. 머쓱해진 김 차장과 승훈이 홍 팀장을 따라 밖으로 나왔다. 홍 팀장과 김 차장은 대리운전기사를 기다렸다. 밤하늘에 수많은 별이 반짝이고 있었다. 이렇게 별을 바라봤던 게 언제였는지

기억나지 않았다.

'그래, 여기까지 온 것은 모두 하늘의 뜻이다. 트리즈를 만난 것도 어려운 사람을 도우라는 하늘의 뜻임이 분명하다.'

홍 팀장은 유난히 반짝이는 별을 바라보며 초심을 잊지 않기 위해 다짐했다.

제주에서 커피나무가 자란다고?

주말이라 푹 자려고 했는데 아침부터 전화가 요란하게 울렸다. 홍 팀장은 손을 더듬어 전화기를 찾았다. 숙취 때문에 머리가 아팠다.

"여보세요."

"뭐야, 아직 자는 거야?"

순간 정신이 번쩍 들었다. 지혜였다.

"우리 만나기로 했잖아."

"어, 그럼. 당연하지."

"어디서 만날까?"

"내가 집 앞으로 갈게."

그제야 홍 팀장은 지혜와의 약속이 생각났다. 주말에 보자고 약속했는데 깜빡했던 것이다.

'아, 술이 문제다. 아니, 술이 무슨 문제가 있겠는가, 사람이 문제지.'

시계를 보니 약속 시간이 얼마 남지 않았다. 서둘러야 했다. 벌써 지혜의 잔소리가 들리는 것 같았다.

홍 팀장은 가끔 지혜를 힐끔거리며 운전했다. 지혜는 아무 말 없이 창밖만 보고 있었다. 홍 팀장은 남원교차로를 지나 남태해안로로 방향을 틀었다. 집에서 나올 때는 하늘에 구름이 많았는데, 어느새 파랗게 개어 있었다.

"잠깐, 여기 좀 보고 가자."

지혜가 비안포구를 가리켰다. 홍 팀장은 잠시 차를 세웠다. 비안포구는 아름다운 일출을 볼 수 있는 장소로 소문이 나면서 많은 여행객이 찾는 곳이다. 바닷가 바로 옆에 숙소가 있고, 용암 해수 풀장도 있어서 가족 여행하기에도 좋다.

홍 팀장은 지혜와 바닷가를 걸으며 그동안 있었던 일들을 말해주었다. 지혜는 특히 직장 내 왕따 문제에 관심이 많았다. 지혜가 아는 사람 중에도 같은 문제로 힘들어하는 사람이 있다며 해결 방법을 알려주어야겠다고 말했다. 지혜도 그동안 있었던 일들을 홍 팀장에게 말해주었다. 동생이 뭍으로 대학을 가고 싶어 해서 부모님이 걱정하고 있고, 자기는 고양이를 키우고 싶은데 그 또한 가족이 반대해서 아쉽다고 했다. 이때 남자들이 주의해야 할 것이 있으니, 바로 섣불리 결론을 내리지 말 것. 충분히 들어주고 같이 고민하는 게 가장 좋은 방법이다. 이것은 트리즈가 아니다. 그냥 경험상 그렇다는 말이다. 그래서 홍 팀장은 함께 방법을 찾아보자고 말했다.

"아, 춥다."

바닷바람이 제법 서늘했다.

"따뜻한 커피 어때?"

마침 홍 팀장이 자주 다니는 카페가 근처에 있었다. 지혜도 몇 번 같이 가서 잘 아는 카페였다. 홍 팀장은 남태해안로를 따라 차를 몰았다.

붉은색 삼각 지붕이 매력적인 카페에 도착했다. 검은 유리창으로 된 벽과 나무를 이용한 실내 인테리어가 눈에 띄었다. 사장이 손수 조립한 스피커와 진공관 앰프는 눈과 귀를 즐겁게 했고, 고풍스럽기까지 했다. 특히 홍 팀장과 지혜의 마음을 사로잡은 것은 커피였다. 홍 팀장도 지혜도 커피를 좋아해 여러 카페를 다녔지만, 이제껏 어디서도 맛보지 못했던 커피였다. 홍 팀장은 카페 이름을 다시 확인했다. COREA COFFEE.

COREA COFFEE는 제주산 원두로 커피를 만들었다. 이 말을 들었을 때 홍 팀장은 제주도에 살지만 제주도에서 커피가 난다는 사실은 처음 알았다고 말했다. 그러자 사장이 바로 옆 비닐하우스를 가리켰다.

"저 비닐하우스에 있는 게 커피나무입니다."

홍 팀장은 사장과 함께 비닐하우스로 향했다. 이미 몇몇 관광객이 구경하고 있었다.

"커피는 원래 커피 벨트라 불리는 남북위 25도 사이의 열대지역에서 자라는 열대작물입니다. 그런데 제가 하우스 재배를 이용해 제주도에서 커피 재배에 처음으로 성공했습니다. 커피나무는 추위에 굉장히

약해요. 한번 온도가 떨어지면 바로 죽어버리거든요. 식물 자체의 습도를 유지해주는 것도 중요해서 3~5일에 한 번씩 물을 줍니다. 또한 저희 커피는 카페인이 수입 원두보다 적다는 것이 큰 장점입니다."

"왜 그렇죠?"

"제주도에는 해충이 다른 곳보다 적어요. 그래서 카페인도 적게 만들어지지요."

카페인이 적다는 말에 지혜가 고개를 끄덕였다.

"카페인에 민감한 분들이 마셔도 괜찮겠네요."

"그렇죠. 또 저희 카페는 손님이 직접 생두를 로스팅하고, 핸드밀에 갈아 내려 마시는 체험 프로그램도 운영하고 있어요."

비닐하우스에서 커피나무를 구경하고 나온 관광객이 체험 프로그램 설명을 듣고 있었다. 홍 팀장과 지혜도 관광객과 함께 체험 프로그램에 참여했다. 그날 이후로 홍 팀장은 사장과 친해졌다. 다행히 지혜도 담백한 커피 맛을 좋아해서 같이 커피를 즐길 수 있었다.

인건비와 난방비를 해결하라

    사실 COREA COFFEE 사장과 친해진 계기는 따로 있었다. 몇 년 전부터 제주도에 카페가 우후죽순 생겼다. 도로 건너 하나씩은 물론 마주 보고 경쟁하는 카페도 자주 볼 수 있었다. 개업한 지 얼마 안 돼 사라지고, 다시 그 자리에 다른 체인점 카페가 생기는 일도 많았다. 살 아남으려면 분위기가 남다르거나 뭔가 특색이 있어야 했다.

    "카페를 한번 해볼까?"

    언젠가 지혜에게 말했을 때, 지혜도 반대하지는 않았다. 몇 년 전 부터 홍 팀장이 카페에 관심이 있다는 것을 지혜도 알고 있었다. 다만 경쟁이 치열해서 쉽게 결정을 내릴 수 없었다. 그러던 차에 COREA COFFEE를 만났다. 홍 팀장은 사장에게 제주산 원두가 사업 아이템으로 어떤지 슬쩍 물었다. 그러나 뜻밖에도 사장의 대답은 부정적이었다. 경비가 너무 많이 드는 것이 가장 큰 문제였다. 제주도 원두커피라고 하면 사람들이 신기해하지만, 그렇다고 더 비싸게 사는 것은 달가워하지 않는다고 말했다.

"왜 그렇게 경비가 많이 들죠?"

"인건비와 난방비 때문이지요."

사장은 한숨을 내쉬었다.

"커피 열매는 일일이 손으로 따야 하니 인건비가 많이 들고, 커피나무는 추위에 약해서 겨울에 난방하지 않으면 쉽게 죽어요."

"아, 어렵네요."

"원두 값을 세 배 이상 받아야만 문제가 해결됩니다. 그러지 않고서야 아프리카, 남미와 같이 인건비가 월등히 싼 수입 원두와 경쟁이 될리 없지요."

사장은 고개를 흔들었다. 커피나무 재배에는 성공했지만, 아직 문제가 해결된 것은 아니었다.

"제가 제주에서 커피나무를 키우는 건 값을 비싸게 받기 위해서가 아닙니다. 우리만의 커피를 직접 재배하고, 더 많은 손님이 맛있는 커피를 드셨으면 하는 작은 소망에서 시작한 일이지요."

홍 팀장도 사장의 말에 고개를 끄덕였다. 제주에서 커피나무가 자란다는 소문을 듣고 찾아온 손님들은 커피나무를 직접 보고, 로스팅하고, 핸드밀한 커피를 마시며 즐거워했다. 맛은 어떤가. 만약 맛이 뒷받침되지 않았다면 이렇게 많은 손님이 찾아오지는 않을 것이다.

"여러 가지 시도를 해봤는데 답이 없어요. 막막할 뿐입니다."

홍 팀장은 이는 COREA COFFEE만의 문제가 아니라고 생각했다. 저렴한 가격에 우수한 품질의 커피를 맛볼 수 있다면, 지금보다 더 많은 사람이 카페를 찾을 것이다. 만약 이 문제를 풀 수만 있다면 모두에게 좋을 것이라 생각했다.

집으로 돌아온 홍 팀장은 메모지를 꺼냈다. 이 문제도 트리즈로 해결할 수 있지 않을까?

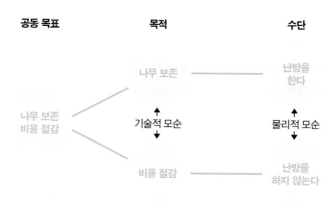

커피나무 문제 모순도

모순도를 그리고 보니 문제가 확실히 보이기 시작했다. 여기에도 모순이 있었다. 그것은 '난방을 해야 하고, 난방하지 않기도 해야 한다'는 것이었다.

홍 팀장은 메모장을 보며 몇 번이고 큰 소리로 읽었다.

"난방해야 한다, 커피나무를 살리기 위해. 난방해야 한다, 하우스 온도를 높이기 위해."

홍 팀장은 잠시 쉬면서 인터넷 검색을 했다. 커피나무는 로부스타, 아라비카, 리베리카 세 종류가 있다. 일반적으로 아라비카는 병충해에 약하고, 로부스타는 병충해에 강하다. 리베리카는 맛이 없어서 거의 키우지 않는다. 아라비카의 경우 영상 15도 정도면 성장이 멈추고, 10도에서는 말라비틀어져버린다. 그래서 커피나무는 병충해보다 냉해로 피해를 받는 일이 많다고 한다.

홍 팀장은 커피나무는 온도에 민감하므로 제주도에서 키우려면 반드시 난방이 필요하다고 생각했다. 서귀포는 제주에서도 제일 따뜻한 곳이지만 1월 평균기온은 영상 6도이고 가끔 영하 1~2도까지 떨어지기 때문이다. 그렇다면 경비를 줄이는 방법에 대해 알아봐야 할까? 머릿속이 복잡해지기 시작했다.

당연한 사실을 의심하라

도무지 답이 떠오르지 않았다. 인건비와 난방비 모두 해결할 방법이 없을까. 또다시 미로에 갇힌 것처럼 문제 속에서 길을 잃은 듯했다. 홍 팀장은 커피나무 자료를 정리해 김익철 선생에게 메일을 보냈다. 그리고 며칠 후, 김익철 선생에게 답장이 왔다.

✉ ⋯⋯ 우리가 문제를 잘못 파악할 때는 인지 오류, 관점 오류, 설정 오류, 이 3가지 오류에 빠졌을 때가 대부분입니다. 인지 오류는 문제는 맞는 문제이지만 문제를 보는 관점이 잘못된 것을 말합니다. 관점 오류는 그 문제도 맞지만 다른 문제를 해결하는 것이 더 효율적인 상태를 말합니다. 설정 오류는 해결할 수 없는 상태를 해

결하려고 하는 겁니다. 예를 들어서 설명해드리죠.

수많은 회사가 동식물 유전자를 조작해 병충해에 강한 유전자 변형 생물을 만듭니다. 왜 그런 일을 할까요? 여러 가지 목적이 있겠지만, 근본 목적은 생산량을 늘리기 위함입니다. 그래서 유전자 조작이라는 수단을 채택한 것이지요. 물론 그것이 틀린 것은 아닙니다. 하지만 다른 수단으로 생산량을 늘릴 수는 없을까요? 그래서 개발한 것이 하이포니카 농법이라는 수단입니다.

일반 토마토는 한 그루에 많아야 열 개 정도가 열리지만 하이포니카 농법을 이용하면 2만 개 이상 열린다고 합니다. 즉, 유전자가 나빠서 생산량이 떨어진다는 관점이 아니라, 생산 방법이 나빠서 생산량이 떨어진다는 관점으로 해결한 것이죠. 관점 오류에서 벗어난 사례입니다.

또 다른 사례는 모하비 사막에 사는 사막 새우입니다. 미국 모하비 사막에는 40년에서 50년에 한 번 정도 비가 내린다고 합니다. 그러면 물이 마를 때까지 하루 정도는 물웅덩이가 생깁니다. 그 바닥에는 사막 새우의 알이 있습니다. 40~50년을 기다린 겁니다. 물이 생기면 한 시간 안에 부화해 반나절 안에 성충이 되어 알을 낳고 죽는다고 합니다. 즉 하루나 이틀 정도 물이 마를 때까지 살아가는 거죠. 즉, 생명은 조건만 맞으면 무한 증식하려는 성질을 갖고 있다는 겁니다.

왜 이런 말씀을 드리는가 하면, 커피나무는 추위에 약하기 때문에 겨울에 난방을 해주지 않으면 죽어버린다고 하셨습니다. 그런데 남극에는 영하의 온도에서도 사는 새우와 생선이 있습니다. 그러니 커피나무가 추워서 죽는다는 사실을 의심해보면 어떨까 하는 겁니다. 생명은 빠른 변화에는 약하지만 느린 변화에는 적응하거든요.

'커피나무가 추워서 죽는다는 사실을 의심해봐라. 생명은 빠른 변화에는 취약하지만, 느린 변화에는 적응한다. 추워서 죽는다는 사실의 미로에서 벗어나 처음부터 다시 생각하는 것이다.'

사실이 만들어 낸 벽과 잘못된 길들이 서서히 걷히기 시작했다. 순간 홍 팀장은 눈을 번쩍 떴다.

'그래, 난방하지 않아도 커피나무가 살 수 있으면 되는 거야!'

트리즈? 트리즈!

며칠 뒤 홍 팀장은 COREA COFFEE 사장을 다시 만났다. 관광객이 커피나무를 둘러보고 있었다. 몇몇은 커피를 볶으며 즐겁게 이야기를 나누었다. 그러나 사장의 얼굴에는 여전히 그늘이 드리워져 있었다.

"좋은 방법은 찾으셨어요?"

홍 팀장을 바라보며 사장이 말했다. 홍 팀장은 수첩을 꺼냈지만, 막상 말을 하려니 입이 떨어지지 않았다.

'이게 가능할까?'

홍 팀장은 머뭇거렸다. 밤새 모순도를 보며 연구한 끝에 나온 결론은 사장에게 실험을 제안하는 것이었다. 물론 실험이 성공한다는 보장은 없었다. 그래서 망설이는 것이다.

"뭔가요? 커피를 위한 것이라면 무슨 일이든 하겠습니다."

사장의 말에 홍 팀장도 용기를 냈다.

"이렇게 해보면 어떨까요?"

처음에는 반신반의하던 사장도 홍 팀장의 설명에 고개를 끄덕이며 묘목 몇 십 그루를 흔쾌히 내주었다. 홍 팀장은 그것을 미리 대여한 농협의 항온 창고로 가지고 가서 실험을 시작했다. 우선 온도를 20도로 설정해 커피나무 묘목을 보관했다. 그리고 전등을 켜 빛을 쬐어주었다. 그리고 1주일 단위로 온도를 떨어뜨렸다. 일주일이 지나자 묘목은 눈에 띄게 생기를 잃었다. 온도가 1도씩 떨어질 때마다 홍 팀장과 사장은 마음을 졸였다. 커피나무가 다 죽는다면 더 이상 방법이 없을 것만 같았다. 하지만 온도가 떨어져도 아직 살아 있는 커피나무를 보며 홍 팀장은 성공을 예감했다. 그렇게 몇 달 뒤 온도가 10도까지 떨어졌다.

홍 팀장과 사장은 항온 창고 앞에 서서 숨을 가다듬었다. 긴장된 순간이었다.

'커피나무가 다 죽었으면 어쩌지……. 아니, 그럴 리 없어, 지금껏 그랬던 것처럼 나는 트리즈를 믿어.'

"팀장님, 어서 문 열어 보세요."

사장이 홍 팀장을 재촉했다. 홍 팀장은 마른침을 삼키며 이내 결심한 듯 문을 열었다. 뒤에서 지켜보던 사장이 홍 팀장을 앞질러 항온 창고로 들어갔다.

'이런……. 설마 다 죽은 건가?'

홍 팀장은 다리에 힘이 풀렸다. 생기를 잃은 커피나무를 보니 아무

말도 나오지 않았다. 그저 죽은 커피나무 앞에서 한숨만 내쉴 뿐이었다. 항온 창고를 둘러보던 사장이 터벅터벅 걸어왔다. 홍 팀장은 고개를 들 수 없었다. 만약 기회가 된다면 다시 실험하고 싶었다. 그렇지만 실험에 실패한 홍 팀장은 입이 떨어지지 않았다.

"죄송합니다. 괜히 저 때문에 애꿎은 커피나무만……."

"홍 팀장님."

홍 팀장은 각오한 듯 눈을 질끈 감았다. 이렇게 많은 커피나무를 죽였으니 사장이 뭐라 해도 이해할 수 있었다.

"홍 팀장님. 정말 대단하십니다. 성공이에요, 성공."

홍 팀장은 눈을 번쩍 떴다.

'성공이라니. 커피나무가 이렇게 다 죽었는데.'

"여기 보세요."

사장이 커피나무 사이로 홍 팀장을 데려갔다. 그때였다. 꿋꿋이 살아남은 커피나무가 홍 팀장의 눈에 들어왔다. 홍 팀장은 눈을 비비고 다시 바라봤다. 죽은 커피나무 가운데 싱싱하게 살아남은 커피나무가 홍 팀장 앞에 있었다. 홍 팀장은 몇 번이고 살아남은 커피나무를 확인했다.

'그래, 이번에도 틀리지 않았어. 역시 트리즈야!'

홍 팀장과 사장은 항온 창고를 둘러보며 서로 고개를 끄덕였다. 김익철 선생의 말이 맞았다. 생물은 환경 변화 때문에 죽는 것이 아니라 '급격한' 환경 변화 때문에 죽는 것이었다. 적응할 시간만 있다면 충분히 살아남을 수 있다고 홍 팀장은 생각했다. 98퍼센트의 나무는 죽었지만 2퍼센트의 나무가 10도에서도 죽지 않고 살아남았다.

사장도 카페 하우스에서 같은 실험을 했다. 그리고 저온에서도 죽지 않는 수백 그루의 나무를 찾아냈다.

"이게 다 홍 팀장님 덕분입니다."

드디어 난방을 줄이면서 무사히 겨울을 넘기는 방법을 찾아낸 것이다.

하지만 아직도 남은 문제가 있었다. 바로 가격이었다. 제주 원두가 보통의 원두보다 값이 더 나가는 것은 어쩔 수 없었다. 무조건 싸게 해서 질 낮은 원두를 파는 것보다는 제주 원두만의 좋은 품질로 제대로 된 값을 받고 싶었다. 그것이 커피의 질을 높이는 것은 물론 더 좋은 커피를 고객에게 제공할 방법이라고 사장은 생각했다.

그 문제를 해결하는 힌트 또한 김익철 선생에게 얻을 수 있었다. 김익철 선생은 남양유업이 커피믹스 시장에 처음 진출했을 때, 시장 점유율을 올렸던 사례를 알려주었다. 그러면서 모든 비즈니스는 문제에서 출발한다고 말했다. 문제를 찾거나 혹은 만들어서 고객에게 제시하고, 고객이 그것에 공감하면 비즈니스가 된다는 것이다.

국내 커피믹스 시장은 2009년까지 80퍼센트 안팎의 시장 점유율을 유지해온 동서식품과 15퍼센트 안팎의 시장 점유율을 기록한 네슬레가 사이좋게 양분해왔다. 그러나 남양유업의 공격적인 마케팅으로 네슬레의 시장 점유율은 5퍼센트대로 추락했고, 동서식품도 대형마트 시장 점유율이 75퍼센트까지 떨어졌다고 한다.

김익철 선생의 말처럼 비즈니스는 문제에서 출발한다. 남양유업의 시장 점유율이 올라간 데에는 여러 이유가 있겠지만, 문제를 만들어서 고객에게 그것을 공감시킨 전략이 유효했다.

남양유업은 봉지 커피믹스에 들어가는 크림에 문제가 있다고 광고했다. 타 기업에서 사용하는 카제인나트륨은 합성물이라서 몸에 좋지 않았다. 남양유업이 그 해결책을 찾았다. 카제인나트륨 대신 무지방 우유를 넣는다고 광고했다. 광고를 본 사람들은 그 문제에 공감했다. 그러자 매출이 오르기 시작했고, 커피믹스 시장의 판도가 바뀌었다. 나아가 남양유업은 '우리는 외국 기업에 단 한 푼의 로열티도 지급하지 않는다.'라며 애국심이라는 공감대도 만들었다.

COREA COFFEE 문제의 해결책은 남양유업의 사례에서 찾을 수 있을 것이다. 그것이 새로운 비즈니스 모델을 창출하는 방법이다. COREA COFFEE가 제대로 된 원두 가격을 받을 수 없는 문제를 돌파한다면 그것이 바로 기회가 될 것이다.

3

문제에서 기회를
발견하라

:

**모두가 행복해지는
트리즈 활용법**

COREA COFFEE의
문제 해결 키워드

COREA COFFEE의 문제를 해결하고, 김익철 선생에게 메일을 보냈다. 며칠 뒤 김익철 선생에게서 답장이 왔다. 답장에는 홍 팀장이 문제를 어떻게 해결했는지에 대한 분석과 어떤 것을 배웠는지에 관한 설명이 적혀 있었다.

✉ ······ 홍 팀장님의 메일 잘 받았습니다. 이번에도 역시 트리즈를 활용해 어려운 문제를 잘 해결하셨습니다. 모두 홍 팀장님의 부지런함과 노력 덕택이지요. 또한 주변 사람들의 문제를 자기 일처럼 생각하고 공감하는 마음이 없다면 할 수 없는 일이지요. 홍 팀장님이 실생활의 문제를 트리즈로 해결해나가는 모습을 보면서 트

리즈가 일상생활에 많은 도움이 된다는 것을 저도 새삼 다시 확인하고 있습니다.

그럼 이번 문제를 해결하면서 홍 팀장님이 배운 것에 관해 이야기해볼까요?

첫 번째는 '기회의 확보'입니다.

홍 팀장님이 집에만 있었다면 COREA COFFEE 사장을 만날 수 있었을까요? 기회를 원한다면 행동을 해야 합니다. 많은 것을 보고, 많은 사람을 알 때 기회를 얻을 확률도 높아집니다. 기회와 위기는 동전의 양면이라는 사실도 잊지 마세요.

두 번째는 '심리적 타성'입니다.

'커피 벨트'는 커피 전문가 사이에서는 상식으로 통하지만 그 상식을 넘지 못하기에 문제를 해결하지 못했습니다. 대부분의 창의성은 상식을 깨는 것을 목적으로 합니다. 커피에는 카페인이 들어 있다는 상식도 카페인이 없는 나무가 발견되어 깨졌습니다. 조금 더 쉽게 설명해볼까요?

블랙 스완^{Black Swan}이라는 개념이 있습니다. 18세기까지 서구인은 '모든 백조는 희다'라고 믿었습니다. 그런데 호주에서 흑색 고니가 발견되면서 상식이 완전히 무너졌죠. 과거의 경험에 의한 판단(특히 성공 경험)이 행동의 기준이 되어서는 안 된다는 것, 이것이 바로 블랙 스완의 경고입니다.

세 번째는 '관점의 오류'입니다.

코피 루왁Kopi Luwak은 사향고양이Civet의 배설물에서 커피 씨앗을 채취하여 가공한 커피입니다. 쉽게 말해서 고양이 똥 속에서 걸러낸 커피죠. 그러나 한 잔에 5만 원으로 보통의 다른 커피보다 10배 이상 비쌉니다. 10배 이상 비싸게 받을 수 있는 이유를 생각해보세요. 그러면 남은 문제도 해결할 수 있을 겁니다. COREA COFFEE 사장은 커피를 커피로만 팔려고 했기 때문에 가격을 높게 받을 수 없는 겁니다.

내 번째는 '수단의 다양성'입니다.

한 가지 문제를 해결하는 수단이 단 한 가지인 경우는 거의 없습니다. 실제로는 수십, 수백 가지 수단이 있을 수 있습니다. 그런데 하나의 문제에 하나의 답이라는 퀴즈형 문제에 익숙해진 우리는 하나의 수단만 생각해내기 쉽죠. 커피나무의 수를 늘리는 목적을 달성하는 것은 유전자 조작이라는 수단만이 아니라 재배 방법의 변화라는 수단도 있었던 겁니다.

사람들이 흔히 하는 여덟 가지 잘못

한가한 토요일 저녁이다. 지혜는 친척 집에 일이 있다며 비행기를 타고 부산에 갔다. 홍 팀장은 주말을 같이 보낼 수 없어 서운한 표정으로 지혜를 배웅했다. 지혜는 만족한 듯 서둘러 돌아오겠다고 말했다.

"부산 간 김에 해운대도 가고, 자갈치 시장도 다니며 놀다 와. 오랜만에 뭍에 나가는 건데."

지혜가 홍 팀장을 노려봤다. 홍 팀장은 뭔가 들킨 것 같아 난감한 마음에 헛기침했다. 그렇게 지혜를 배웅하고 돌아온 홍 팀장은 야구를 보며 커피를 마셨다. 며칠 전 COREA COFFEE 사장이 보내준 커피였다. 맥주를 마실까 했으나 항온 창고에서 꿋꿋하게 살아남은 커피나무를 생각하니 괜히 커피를 마시고 싶었다.

"역시 이용규야."

이용규 선수가 안타를 치고 1루로 나갔다. 그리고 바로 2루까지 도루에 성공했다. 투 아웃에 주자 2루, 점수는 1점 차로 뒤지고 있는 상황. 동점이 되느냐, 이대로 이닝이 끝나느냐.

"안타, 이용규 3루 돌아 홈까지, 홈까지, 홈인!"

홍 팀장은 벌떡 일어나 주먹을 불끈 쥐었다. 홍 팀장이 동점의 기쁨을 만끽하고 있는데 전화가 왔다. 초등학교 동창인 성훈이었다.

"어, 성훈. 웬일이야?"

홍 팀장은 만난 지 오래된 성훈의 전화가 반가웠다. 그러나 성훈의 이야기를 들으며 시시히 텔레비전 소리를 줄였다. 응원하는 팀이 역전에 성공했지만, 마냥 기쁠 수만은 없었다.

홍 팀장과 성훈은 어렸을 때부터 둘도 없는 친구였다. 성훈은 결혼 후에도 홍 팀장과 자주 어울렸고, 홍 팀장도 지혜와 같이 성훈 부부를 만났다. 제수씨가 지혜와 나이가 비슷해 스스럼없이 잘 어울렸다. 그런데 어느 순간부터 성훈 부부와 만나는 자리가 어색해지기 시작했다. 만나는 자리마다 성훈 부부가 서로 티격태격했기 때문이다. 성훈은 성훈대로 홍 팀장에게 아내에 대한 불만을 이야기했고, 제수씨는 제수씨대로 지혜에게 성훈에 대한 불만을 이야기했다. 홍 팀장은 성훈 부부의 갈등이 심각해 보여서 걱정됐다. 제수씨가 지혜에게 말했던 불만을 성훈에게 이야기해주고 싶었지만, 김익철 선생에게 들었던 이야기 때문에 망설이고 있었다. 옛날 귀곡자라는 사람이 있었는데, 조언할 때 주의해야 할 여덟 가지에 대해 다음과 같이 말했다고 한다.

첫째, …… 자기 일도 아닌데 간여하려는 '참견'
둘째, …… 이해하는 사람이 아무도 없는데, 굳이 말하는 '잘난 체'
셋째, …… 상대의 속셈을 고려하면서 말하는 '아첨'
넷째, …… 옳고 그름을 분간하지 않고 말하는 '아부'
다섯째, … 친한 사람을 갈라놓는 '이간질'
여섯째, … 교활한 속셈과 거짓으로 사람을 망치는 '사악함'
일곱째, … 선악을 가리지 않고 모두 좋다고 하면서 자신의 이득을 취하는 '음험함'
여덟째, … 다른 사람의 단점만을 말하는 '험담'

　홍 팀장은 성훈이 먼저 자기에게 도움을 청하기 전에 뭔가를 말하는 것은 '참견'이라고 생각했다. 그래서 잠자코 기다리고 있었는데, 성훈에게 전화가 온 것이다. 홍 팀장은 전화를 끊고 성훈과 만나기로 한 카페로 향했다.

그렇게 갈등은 시작되고

성훈 부부의 상황은 홍 팀장의 생각보다 더 심각했다. 성훈의 이야기만 들으면 제수씨는 거의 바람난 아내였다. 제수씨가 친정에 간다기에 성훈은 잘 다녀오라고 배웅해주었다. 그런데 제수씨는 아이를 친정에 맡긴 채 며칠이고 친구들과 어울리며 연락도 되지 않았다. 겨우 연락되어도 급히 전화를 끊었고, 성훈을 생각하지도 않는 것 같았다. 그런 일이 자주 되풀이됐다. 참다못한 성훈이 뭔가 따지면 마치 싸움닭처럼 덤벼들어서 성훈도 포기한 지 오래였다.

"이혼도 생각 중이야."

성훈은 부부간에 신뢰가 깨졌는데 어떻게 같이 살 수 있겠냐며 한숨을 내쉬었다. 홍 팀장도 한숨이 나오기는 마찬가지였다. 어쩌다 이렇게 된 것일까? 홍 팀장은 성훈을 바라보며 한참 생각했다.

성훈은 얼굴도 잘생기고 키도 컸다. 거기에 성격까지 시원시원해서 언제나 여자들에게 인기가 많았다. 따라다니던 여자가 한둘이 아니었다. 그중에서 지금의 제수씨가 가장 적극적이었다. 제수씨도 예쁘장한 얼굴에 활발한 성격이었고 성훈도 제수씨가 마음에 들었다. 그래서 홍 팀장은 둘이 음식점을 운영하면서 알콩달콩 잘 살 거라고 생각했다. 그런데 왜 이렇게 된 것일까? 홍 팀장은 당장 뭐라고 말해줄 수 없었다. 그저 성훈에게 제수씨의 마음도 좀 이해해보라는 말만 해주었다. 성훈을 다독여 돌려보낸 홍 팀장은 마음이 복잡했다. 집에 와서도 한동안 멍하니 앉아 있었다.

'제수씨가 어떻게 그럴 수 있지? 그렇게 좋아해서 따라다녔던 사람이…….'

홍 팀장은 당장에라도 제수씨를 만나야겠다고 생각했다. 벌떡 일어나 옷을 챙기다가 다시 의자에 앉았다.

'아니야. 성훈의 말만 듣고 상황을 판단하면 안 돼. 그건 오류에 빠지는 짓이야.'

홍 팀장은 머리를 흔들었다.

답답한 마음에 지혜에게 전화를 걸었다. 홍 팀장은 성훈을 만났던 일과 성훈에게 들었던 것을 지혜에게 말했다.

"어머, 성훈 씨가 그런 생각을 하고 있단 말이지."

홍 팀장의 이야기를 듣고 있던 지혜가 말했다.

"그런데 이상하다. 내가 들은 것과 좀 다른데."

지혜는 제수씨에게 들었던 이야기와 성훈의 이야기가 다르다고 말했다. 그러면서 제수씨에게 들었던 이야기를 전해주었다.

제수씨의 말에 의하면 성훈에게도 문제가 있었다. 아니, 성훈이라기보다 성훈의 아버지에게 문제가 있는 것 같았다. 무슨 연유인지 몰라도 시아버지가 며느리를 구박하는 형국이었다.

"집안에 여자가 잘 들어와야 하는데."

성훈의 아버지는 말끝마다 혀를 차며 며느리를 나무랐다. 홀아버지를 모시고 살던 성훈은 그때마다 아내를 외면했고 아무 도움도 주지 않았다. 홍 팀장이 성훈의 입장을 모르는 것은 아니었다. 처음에는 성훈도 아버지와 아내 사이를 중재했다. 그러나 시간이 지나도 합의점은 보이지 않았다. 오히려 아버지는 아버지대로, 아내는 아내대로 서운해했다. 성훈도 종일 식당에서 일하느라 피곤한데, 집마저 분위기가 냉랭하니 몸도 마음도 불편했다. 성훈과 제수씨는 아이를 낳으면 나아지겠지 생각했지만 시아버지의 구박은 계속됐다.

그런 가운데 제수씨가 친구들을 만나 자신의 처지를 하소연했다. 친구들은 당연히 제수씨를 위로해주었는데 그게 또 문제가 됐다.

"요즘 세상에 누가 그렇게 바보 같이 사니?"

제수씨는 자신의 처지를 공감하는 친구들과 어울리며 밖으로 돌기 시작했다. 이렇게 된 게 모두 남편 때문이라고 생각하며 원망도 했다. 그렇게 성훈과 제수씨가 이혼을 생각할 만큼 많은 시간이 흘렀다. 감정의 골이 너무 깊어 어떤 방법으로도 문제를 해결할 수 없을 것 같았다.

어른아이

한가하던 주말이 머리가 복잡한 주말로 바뀌었다. 꿈에서도 성훈과 제수씨가 나타났다. 서로 번갈아 나타나며 한참을 이야기하다 사라졌다. 어떻게 보면 이번 문제는 참 쉬운 문제일 수 있다. 성훈이 분가해서 살면 된다.

"지금 나보고 아버지를 버리란 말이야?"

성훈은 그렇게 말할 게 뻔하다. 성훈에게 분가는 있을 수 없는 일이다. 그렇다고 이혼을 하라고 할 수는 없는 노릇이다. 홍 팀장은 그동안 김익철 선생과 주고받았던 메일을 살펴봤다. 『생각의 지름길』이라는 책도 펴서 밑줄 그었던 부분을 다시 읽었다. 뾰족한 수가 보이지 않았다.

성훈 부부가 이혼하면 아이가 받을 상처가 크다. 성훈도 어렸을 때

엄마가 가출했기 때문에 엄마 없는 아이의 상처를 누구보다 잘 알고 있다.

'이혼을 해야 할 이유가 있을까?'

이혼했을 때 성훈이나 제수씨, 조카, 성훈의 아버지가 얻을 수 있는 게 무엇일까? 홍 팀장은 답답한 나머지 김익철 선생에게 전화했다.

"안녕하세요. 주말에 연락드려 죄송합니다."

"아닙니다. 그렇지 않아도 심심해서 산책이나 할까 생각 중이었습니다."

홍 팀장은 김익철 선생에게 성훈의 일을 설명했다. 가만히 듣고 있던 김익철 선생이 홍 팀장에게 물었다.

"질문이 하나 있습니다. 성훈이라는 친구의 아버지가 과거에 부인과 사이가 나빴거나 이혼하시지 않으셨나요?"

"어떻게 아셨어요? 두 분이 자주 싸우셨거든요. 그래서 성훈이 어렸을 때 어머님이 집을 나가셨어요."

홍 팀장은 김익철 선생이 성훈의 사정을 정확히 짐작한 게 신기했다. 김익철 선생은 평소와 마찬가지로 홍 팀장에게 화두를 던졌다.

"이번 문제는 직간접 문제 중 하나입니다. '차도살인借刀殺人'의 문제이지요. 그리고 '균형과 비균형'의 문제이기도 하고요."

"차도살인이요?"

"그렇습니다. 차도살인이란 자신의 손에 피를 묻히지 않고 적을 없애는 것을 말합니다. 그리고 균형과 비균형이란 누군가는 힘이 세고, 누군가는 힘이 약할 때 생기는 문제입니다. 현재는 친구분 아버님의 힘이 센 상태입니다. 친구분은 해결할 수 없을 것 같습니다. 대신 나설 사람이 필요합니다. 아버님을 제압할 수 있을 정도로 강한 누군가가 필요해요."

성훈의 아버지보다 힘이 센 사람이 필요하다? 홍 팀장은 그런 사람이 누가 있을까 생각했다.

"또한 지금 친구분 아버님은 며느리를 통해 과거의 부인을 보고 있는 것 같습니다."

이건 또 무슨 말일까? 며느리를 통해 과거의 부인을 보고 있다니.

"무엇보다 문제의 가장 큰 원인은 아버님께 모순이 없다는 겁니다. 아버님은 얻을 것만 있지 잃을 게 없습니다. 혹시 아이들이 어른스러운 말을 하는 것을 보신 적 있으신가요?"

"네. 제 주변에도 있어요. 얼마나 어른스러운지……."

"인간에게는 'Child', 'Adult', 'Parent'라는 세 가지 마음이 동시에 있습니다. 다시 말하면, 아이도 어른의 마음이나 부모의 마음을 가지고 있고, 어른이나 부모도 아이의 마음을 가지고 있다는 것이죠. 우리가 서로 만날 때 이것이 일치하지 않으면 갈등이 생기는 겁니다. 지금 아버님은 아이의 상태여서 어리광을 부리고 계신 것처럼 보이네요. 아이가 어리광을 부릴 때 그것을 다 들어줘야 할까요? 아니면 혼을 내야 할까요? 물론 가족은 소중합니다. 하지만 가장 큰 상처를 주는 것도 가족입니다."

'가족이 상처를 준다고?'

홍 팀장은 생각지도 못한 뜻밖의 말에 선생의 다음 말을 기다렸다.

차도살인이란?

차도살인借刀殺人 이란 남의 칼을 빌려서 사람을 죽인다는 뜻으로, 삼십육계 중 제3계이다. 중국 후한 말기 예형이라는 인물이 있었다. 어렸을 때부터 말주변이 좋았고 성격은 강직했다. 실력은 있었으나 독설가였던 그는 조조의 부하들을 이렇게 조롱했다.

"순욱은 문상객, 순유는 묘지기, 정욱은 문지기, 장료는 북치기, 허저는 마부나 될 정도의 사람입니다."

그러자 분노한 장료가 칼을 빼어 예형을 죽이려 했지만 조조가 말렸다. 얼마 뒤 제사를 드릴 때 예형은 조조마저 모욕했다. 조조는 분노를 참고 그를 형주의 유표에게 사자로 보냈다.

이윽고 예형은 형주로 가서 유표를 만났지만 버릇대로 유표를 비꼬아 헐뜯었다. 유표도 예형을 벌하지 않고 황조를 만나보라며 보냈다. 수하가 왜 예형을 죽이지 않으냐고 묻자 유표는 이렇게 말했다.

"예형이 여러 번 조조를 모욕했지만 조조가 죽이지 않은 것은 인망을 잃을까 염려했기 때문이다. 그래서 나에게 사신으로 보낸 것이다. 차도살인계로 내 손을 빌려 예형을 죽이고 현자를 죽였다는 오명을 내게 씌우려는 것이다. 내가 지금 황조에게 그를 보낸 것은 조조에게 나도 어리석지 않다는 것을 보여주기 위함이다."

예형은 얼마 동안은 황조의 서기로 일하다가 기어이 황조를 웃음거리로 만들었고, 화가 난 황조는 예형을 죽였다.

마음속에 있는 어른을 깨워라

홍 팀장은 퇴근하자마자 성훈의 식당으로 갔다. 주말 내내 성훈 생각이 떠나지 않았다. 김익철 선생과 통화 후 모순도를 새로 그리고, 확인하고, 다시 그리기를 반복했다. 그 과정에서 홍 팀장은 어렴풋이 해결의 실마리를 발견한 것 같았다.

성훈의 얼굴에는 여전히 그늘이 드리워져 있었다. 식당에는 손님도 많지 않았다. 주인 마음이 복잡한데 장사가 잘될 리 없었다. 성훈과 홍 팀장은 손님과 종업원들 눈을 피해 작은 방으로 들어갔다.

"성훈아, 그동안 얼마나 마음고생이 심했냐? 내가 들었는데 제수씨 잘못이 크더라."

성훈의 얼굴에 반가움과 수심이 동시에 떠올랐다.

"그래도 내 마음 알아주는 건 너밖에 없다."

성훈이 한숨을 내쉬었다. 홍 팀장은 성훈의 눈치를 살피며 조심스럽게 말했다.

"제수씨가 그러면 안 되지. 그런데 왜 그랬을까? 갑자기 그런 건 아닐 테고."

"왜 그러긴, 나도 그렇고, 아버지도 그렇고……."

홍 팀장은 이 순간을 놓치지 않았다. 성훈이 스스로 잘못을 인정하고 있었다. 홍 팀장은 성훈을 달래듯 말했다.

"나 같아도 그럴 거야. 얼마나 답답했겠어, 제수씨는 10년을 그렇게 살았잖아."

"생각해보니 그러네. 벌써 10년이네."

"이번 기회에 제수씨도 좀 생각해줘. 1년 정도는 분가해서 살아도 되잖아."

성훈이 홍 팀장을 한참 바라봤다. 그리고 고개를 절레절레 흔들었다. 홍 팀장도 예상한 상황이었다. 주머니에서 메모지를 꺼내 성훈 앞에 놓았다. 성훈이 의아한 표정으로 홍 팀장을 바라봤다.

"지금 네 문제는 이거야. 분가하면 아내는 만족하지만, 아버지가 실망하지. 분가하지 않으면 아버지는 만족하지만, 아내와 헤어져야 해. 그래서 네가 이럴 수도 저럴 수도 없는 거야."

"맞아, 지금 내가 그렇다."

"분가하되 아버지도 만족하거나 분가하지 않되 아내도 만족해야 하는 거지. 자, 이게 모순도라고 하는 건데, 잘 봐."

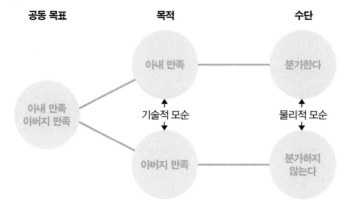

| 공동 목표 | 목적 | 수단 |

아내 만족 · 아버지 만족 — 아내 만족 — 분가한다

기술적 모순 · 물리적 모순

아버지 만족 — 분가하지 않는다

부부 갈등 문제 모순도

"뭔지 모르겠지만, 아무튼 난 아버지를 버릴 수 없어. 아내도…….."

"누가 영원히 버리라고 했냐? 너 지난번 서울 고모 댁에 갔을 때도 아버지 혼자 계셨잖아."

"그게 이거랑 같아?"

"뭐가 달라? 그땐 일주일, 이번에는 열두 달."

"안 돼."

"네가 자꾸 그러니까 아버지께서 더 그러시는 거야. 네 아버지는 지금 어리광을 부리는 아이라고."

성훈의 입이 벌어졌다. 아, 짧은 신음을 뱉으며 뭔가 알았다는 듯 고개를 끄덕였다. 홍 팀장은 이제야 성훈이 아버지를 바로 보기 시작했다고 생각했다.

"네 아버지 마음속에 있는 어른을 깨워야 해."

성훈은 가장 친한 막내 고모에게 그간의 일을 털어놓았다. 그리고 도움을 요청했다. 자초지종을 들은 고모는 얼굴이 붉으락푸르락하면서 성훈을 야단쳤다.

"그걸 왜 이제야 말해, 내가 부끄러워서 살 수가 없다, 정말."

그날 이후 막내 고모가 고모들을 불러서 다 함께 성훈의 집을 찾았다. 큰고모가 제일 먼저 성훈의 아버지에게 말했다.

"성훈이 말이 사실이야?"

성훈의 아버지는 아무 말도 하지 못했다. 처음에는 뭔가 반박하려 했지만 고모들이 몹시 닦달하자 그만 기가 죽었다. 성훈의 아버지가 며느리에게 사과하고 나서야 고모들은 집으로 돌아갔다.

성훈도 아내에게 그동안 잘못했다고 사과했다. 그리고 당분간 분가해서 살자고 말했다. 성훈은 자신의 의지를 보여주려는 듯이 다음 날부터 식당 다락방 공사를 시작했다.

"집을 구할 동안만 여기서라도 살자. 우선 살아보고, 그래도 나랑 살기 싫으면 그땐 정말 ……."

성훈의 입이 더 이상 떨어지지 않았다. 그 순간 성훈의 아내가 품에 안겨 울기 시작했다. 그동안 쌓아두었던 모든 미움과 설움이 한순간 폭발하듯 어깨를 들썩이며 흐느꼈다. 성훈도 아내를 다독이며 눈물을 흘렸다. 이제껏 혼자서 가슴앓이했을 아내를 생각하자 더욱 안쓰러운 생각이 들었다. 그렇게 둘은 한동안 아무 말 없이 서로를 감싸 안고 있었다.

참 알다가도 모를 일이다. 그렇게 분가하고 싶다던 제수씨가 성훈의 말을 거절했다. 고모들이 다녀간 뒤로 성훈의 아버지가 제수씨에게 잘한다는 소문이 자자했다. 성훈도 그런 아버지의 모습을 처음 본다며 신기하다고 말했다.

덕분에 식당 다락방은 홍 팀장 차지가 됐다. 성훈은 홍 팀장이 회식할 때마다 다락방을 내주었다. 아내와 살기 위해 만든 다락방이 문제가 해결되면서 손님을 받는 방으로 바뀐 것이다. 홍 팀장은 다락방에 들어올 때마다 느낌이 남달랐다.

'만약 문제가 해결되지 않았다면……'

홍 팀장은 고개를 저었다.

가정이 안정되자 식당에 다시 손님이 북적이기 시작했다. 얼마 전에는 야구선수 박찬호도 다녀갔다. 이제는 제주도에 오면 꼭 들러야 하는 맛집으로 소문이 나서 일부러 찾아오는 손님들도 많았다.

'트리즈가 가정 문제까지 해결할 수 있다니.'

트리즈의 한계가 어디까지일까 궁금했다. 홍 팀장은 트리즈의 매력에 깊이 빠져드는 자신을 보며 묘한 긴장감에 가슴이 뛰었다.

문제를 만들어라

"어머, 정말 대단하다."

"나 말이야?"

"아니, 트리즈."

홍 팀장은 잠시 들떴던 마음을 가라앉혔다. 오랜만에 지혜에게 칭찬을 듣나 했는데 트리즈라니. 지혜는 성훈 부부의 문제가 해결됐다는 말에 안도의 한숨을 내쉬었다.

"잘 됐다. 이제 편하게 볼 수 있겠네."

"그렇지 않아도 다음 주에 같이 보자고 하더라. 그동안 자기들 때문에 불편했던 거 다 사과하겠대."

지혜와 점심을 먹고 COREA COFFEE로 향했다. 성훈의 일을 자랑한 김에 하나 더 자랑하고 싶었다. 사장이 홍 팀장을 맞이했다. 홍 팀장은 지혜에게 온실에서 쑥쑥 자라는 커피나무를 보여주었다.

"다시 봐도 신기해. 제주도에서 커피나무가 자라다니."

"이게 다 홍 팀장님 덕분이지요."

홍 팀장은 어깨를 으쓱해 보였다. 지혜가 홍 팀장을 보며 크게 웃었다. 홍 팀장과 지혜가 커피를 마시는 동안에도 많은 관광객이 COREA COFFEE를 찾았다. 그들은 커피나무를 보며 신기해했고, 원두를 볶으며 즐거워했다. 고소한 원두 향이 끊이지 않았다.

"트리즈라는 거 정말 대단하다."

"그렇지. 나도 놀라는 중이야. 특히 성훈 부부의 문제가 해결되는 걸 보니 이거 참 묘하구나 싶어."

지혜가 고개를 끄덕이며, 커피를 한 모금 마셨다.

"그럼 이것도 해결할 수 있을까?"

홍 팀장은 지혜의 말에 귀를 기울였다.

얼마 전 지혜가 부산에 다녀왔다. 이모 댁에 아이가 셋 있는데 부모 말도 잘 듣고 공부도 잘해서 주위에서 칭찬이 자자했다. 그런데 딱 하나, 말을 듣지 않는 게 있었다. 애들이 유난히 깔끔해서 컵을 두 번 사용하지 않는 것이다. 마신 컵을 씻어 놓으면 괜찮은데 그러지 않아서 이모가 퇴근하고 집에 오면 싱크대에 컵이 쌓여 있었다.

"따끔하게 야단치면 되지 않을까?"

"몇 번 그랬다는데 처음에만 반짝 효과 있고 말더래."

홍 팀장은 모순도를 그리기 시작했다.

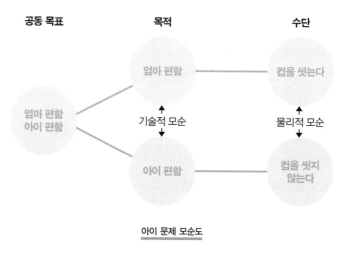

공동 목표　　　　　목적　　　　　수단

엄마 편함 ──── 컵을 씻는다

엄마 편함
아이 편함

기술적 모순　　　　물리적 모순

아이 편함 ──── 컵을 씻지
　　　　　　　　않는다

아이 문제 모순도

모순도는 쉽게 그려졌다. 컵을 씻지 않고 엄마가 편하거나, 컵을 씻고 아이들이 편한 방법을 찾으면 된다.

"여기서 컵을 씻는 목적은 엄마가 편하기 위해서야. 또한 엄마가 편하기 위해서는 아이들이 편하게 컵을 씻을 수 있어야 해."

지혜는 잘 이해가 되지 않는다는 듯 고개를 저었다. 홍 팀장은 다시 자세히 설명했다.

"관점을 바꿔볼까? 아이들이 왜 컵을 씻지 않을까?"

"그게 편하니까 그렇지."

"바로 그거야. 자신이 편하니까 엄마가 불편한 것은 보이지 않지. 가족이라고는 하지만 엄마는 자신이 아니라 남이니까. 남의 문제를 내 문제로 여기는 일은 매우 어려워. 아이들에게는 문제가 없는 상황이야. 결국 엄마가 해결해주거든."

그제야 지혜가 고개를 끄덕였다. 그리고 흥미로운 듯 모순도를 따라 그리며 홍 팀장의 이야기를 들었다.

"여기서는 문제를 해결하는 것이 아니라 만들어야 하는 거야. 상대에게 문제가 생겨야 하는 거지."

"알 듯 말 듯하면서도 어렵네."

"아이가 몇 명이지?"

"세 명."

"엄마가 씻어야 할 컵은?"

"아!"

아이들은 항상 새 컵을 사용하고 싶어 한다. 아이들이 사용할 수 있는 컵은 3개 이상이다. 그것이 모순을 만드는 것이다. 컵을 3개만 남기면 된다.

"자신만의 컵이 있고 대체할 컵이 없다면, 아이들이 스스로 씻거나 쓰는 횟수를 줄이겠지. 아니면 아이들에게 어른 흉내를 내게 하는 거야."

"어른 흉내?"

"컵이 아니라 텀블러를 개인 별로 사주는 거야."

"텀블러?"

"응. 그럼 컵을 씻을 필요도 없고, 자기 물건이니 깨끗이 사용하겠지."

문제에서 답을 찾으려는 문제

"팀장님, 뉴스 보셨어요?"

아침부터 김 차장이 홍 팀장을 찾았다. 홍 팀장은 무슨 일인지 몰라 김 차장을 바라봤다.

"여기 좀 보세요."

김 차장이 휴대 전화를 보여주었다.

'태어나면서부터 빚더미에 오른 아이'

"이게 무슨 소리야? 태어나면서부터 빚을 지다니."

김 차장이 옆에서 한숨을 내쉬었다.

"아무것도 모르는 아이한테 이럴 수 있습니까. 말세예요, 말세."

홍 팀장은 휴대 전화를 들고 뉴스를 자세히 읽었다.

아이가 세 살 때 아버지가 세상을 떠났다. 아버지의 빚은 장애가 있는 엄마와 초등학생 누나 그리고 세 살짜리 아이에게 고스란히 대물림됐다. 엄마와 아이들은 무려 7년 동안 빚 독촉에 시달려야 했다. 다행히 주변 사람들의 도움으로 벗어날 수 있었다.

그동안 아이들이 얼마나 무서웠겠는가 생각하니 한숨이 절로 나왔다.

"나라가 어떻게 되려고 이러는지 모르겠어요."

"안타깝지. 누군가 방법을 빨리 알려만 줬어도 이런 일은 없었을 텐데."

"빚 때문에 자살하는 사람도 많잖아요. 자식들까지……."

"아직도 우리 사회에는 법을 몰라서 하루하루 악몽에 시달리는 사람이 너무 많아."

"금융기관들이 대출금이나 카드빚이 3개월 이상 연체되면 대부업체에 채권을 팔아넘기는 것도 문제예요."

"실적에 매진하다 보니 본래의 취지를 잊는 거지. 저소득층의 재기를 돕기는커녕 오히려 고통만 안겨주고 있으니까."

"아, 정말 아쉽고 분하네요. 해결 방법이 없을까요?"

김 차장이 자리로 돌아갔다. 홍 팀장도 아쉽기는 마찬가지였다. 오로지 실적을 위해서 편한 길로만 가려고 하니 문제가 발생하는 것이다.

홍 팀장이 5년 동안 채권 회수율 전국 1위에 네 번이나 오를 수 있었던 것은 실적만을 위해서 일하지 않고, 채무자의 문제를 함께 풀어준 덕분이었다. 채무자들을 독촉하고 괴롭힌다고 해서 문제가 해결되지는 않는다. 채무자들의 문제를 같이 풀어주면 회수율도 높아지고 매각하는 것보다 훨씬 큰 이익이 남는다.

'문제에서 답을 찾으려고 하니 문제가 된다.'

홍 팀장은 '문제를 의심하라'는 트리즈의 명제를 다시 떠올렸다. 문제 해결 능력보다 문제를 제대로 파악하는 것이 더 중요하다고 생각했다.

뉴스에 나온 아이처럼 지금도 빚 독촉에 시달리고 있을 사람들이 안타까웠다. 물론 신용보증재단을 악용하는 사람들도 있지만, 그보다는 잘 몰라서 혜택을 받지 못하는 사람이 많았다. 홍 팀장은 그런 사람들에게 도움을 주고 싶었다.

문제가 있으면 기회도 있다

"홍 팀장님, 홍 팀장, 저기요, 실례지만⋯⋯."

그동안 자신을 찾아온 사람이 얼마나 많았는지 이루 헤아릴 수 없었다. 홍 팀장을 아는 사람들은 물론 홍 팀장을 모르는 사람들도 알음알음 찾아왔다. 어떻게 소문이 났는지 모르지만 이번에 아들이 수능을 본다며 K대와 Y대 중 어느 곳에 지원해야 붙을지 물어보는 사람도 있었다.

'내가 점쟁이도 아니고⋯⋯.'

그래도 그들의 문제를 해결해줄 때마다 기분이 좋았다. 뭔가 세상을 잘 살고 있다는 느낌에 피식 웃음이 났다. 빚 독촉에 시달렸던 아이의 뉴스를 본 후 도움이 필요한 사람들의 문제를 해결할 방법을 정리했더니 더 많은 사람이 홍 팀장을 찾았다.

얼마 전, 초등학교 은사님에게 전화가 왔다. 친구분께서 펜션 사업을 하려는데 자금 부족으로 곤란을 겪고 있다고 했다. 홍 팀장은 기존에 생각했던 자금보다 2배 이상의 자금을 절약하는 동시에, 방 개수를 늘릴 수 있는 조립식 펜션을 소개해 문제를 해결했다.

중학교 때 친구에게도 전화가 왔다. 친구는 다짜고짜 성훈에게 들었다며 자기 문제도 해결해 달라고 말했다. 홍 팀장은 어이가 없었지만 우선 어떤 문제인지 들어보기로 했다.

친구의 어머니는 울릉도에서 채취한 고로쇠 수액을 팔아 생계를 유지했다. 하지만 고로쇠는 보통 일 년에 한 달, 길어야 두 달밖에 채취할 수 없다. 유통 기한도 짧아 1개월 이상 보관할 수도 없다.

'문제가 있다는 말은 기회가 함께 왔다는 말이다.'

홍 팀장은 산림청 홈페이지를 뒤지는 것은 물론 제주 농협기술센터에 직접 방문해 전문가를 만났다. 유통기한이 짧은 것은 수액을 채취하는 과정에서 고로쇠 수액에 대장균이 들어가기 때문이라고 한다. 고온 살균을 하면 될 것으로 생각했지만, 장비 가격만 20억 원이 넘었다. 홍 팀장은 제주도에서 농축 산업을 하는 사람들에게 전화했다. 몇 군데 전화를 한 끝에 고온 살균기가 있다는 이야기를 들었다. 제주시에서 한라산 조릿대를 녹차로 만들기 위해 고온 살균기를 도입했지만, 잘 팔리지 않아서 기계 가동률이 매우 낮다고 했다. 홍 팀장이 고온 살균기를 이용해도 되느냐고 문의했을 때, 비용만 지급하면 얼마든지 써도 된다며 흔쾌히 허락해주었다.

홍 팀장은 산림청 자료를 다시 비교해보았다. 울릉도의 우산고로쇠는 칼륨이 63.23밀리그램으로 일반 고로쇠의 59.37밀리그램보다 높았다. 칼슘은 조금 적지만 어떤 무기물은 오히려 많았다. 고로쇠 성분이 열에 의해 변형되는 문제도 해결할 수 있었다. 열에 의해 변형되는 아미노산, 지방산은 문제가 아니었다. 고로쇠를 먹는 이유는 아미노산을 섭취하기 위함이 아니다. 그보다는 몸에 좋은 무기질과 단맛을 내는 자당이 중요했다. 제주 농협기술센터에 문의하니 고온 열처리를 해도 무기질과 자당에는 영향을 미치지 않을 것이라는 대답을 들을 수 있었다.

문제가 있으면 기회도 함께 있다. 농사에 머물렀던 고로쇠 수액 채취를 사업으로 바꿀 기회가 온 것이다. 친구의 어머니는 일 년을 기다려 다음 해 봄에 고로쇠 수액을 채취하고, 고온 처리를 통해 제품을 만들었다. 그리고 다른 제품의 출하가 모두 끝난 5월 초부터 시장에 내놓기 시작했다. 당연히 일 년 동안 유통이 가능하기에 고로쇠 시장에서 크게 환영받을 수 있었다.

세상은 넓고 문제는 많다

홍 팀장이 트리즈를 접한 후부터 지금까지 많은 일이 있었다. 사업 자금 문제, 왕따 문제, 커피나무 문제, 부부 갈등 문제 등 참으로 다양한 문제를 접했다. 그리고 트리즈를 알기 전에는 결코 보이지 않았던 문제들의 적절한 해결 방법을 찾을 수 있었다.

사람들은 끊임없이 문제를 안고 고민한다. 컵을 씻는 사소한 문제부터 한 가정을 지켜야 하는 일생일대의 문제까지, 그 크기는 달라도 저마다의 근심과 걱정으로 밤을 새우고 좌절한다.

'세상은 넓고 문제는 많다.'

문제를 해결하는 방법도 여러 가지다. 그러나 대부분의 사람이 문제속에 갇혀서 한숨만 쉬고 있다. 문제가 발생하면 답만 찾으려 하거나 도망만 가려 하니 더욱 그럴 수밖에 없다.

트리즈는 문제를 해결하는 생각의 공식이며 위기 속에서 기회를 찾는 방법이다. 문제를 새롭게 바라보면 문제 속에 답이 있다.

'이렇게 문제를 해결하는 좋은 방법이 있는데 왜 사람들은 그걸 모를까?'

홍 팀장은 때로 답답했다. 사람들이 트리즈를 모른다는 사실, 그것이 트리즈의 문제였다.

그동안 트리즈는 기술과 비즈니스의 문제를 해결하고, 창조 경영을 실현하는 데 최적의 기법임을 자부해왔다. 기업은 앞다퉈 트리즈를 배웠고, 한때 트리즈 열풍이 불기도 했다. 하지만 창조 경영이나 기업 혁신에만 트리즈가 필요한 것은 아니다.

'우리 주변에서 일어나는 일상 문제들 또한 트리즈로 해결할 수 있다.'

홍 팀장은 트리즈를 활용해 일상에서 일어나는 문제를 해결했다. 안타까운 사연을 나누고, 함께 고민하며, 문제를 해결했을 때의 그 행복감은 이루 말할 수 없었다. 문제가 해결된 사람들의 얼굴에서 미소가 번질 때마다 보람을 느꼈다.

시간이 지날수록 홍 팀장을 찾아오는 사람이 더 많아졌고, 결국 더이상 손쓸 수 없을 정도에 이르렀다. 그래서 문제 때문에 고민하는 사람들을 모아서 문제 해결 방법을 알려주기로 했다.

'트리즈를 본격적으로 알려보자.'

홍 팀장은 이제껏 문제를 접하고 해결했던 방법을 더 많은 사람과 나누기로 했다. 우선 김익철 선생과 주고받았던 메일을 정리했다. 또한 문제를 해결하는 데 도움이 될 다양한 사례를 수집했다. 실생활에 적용 가능한 사례가 풍부하다는 것이 트리즈의 매력이라고 홍 팀장은 자부했다.

'교육이라고 하면 너무 딱딱하겠지. 캠프라고 하기에도 그렇고, 좋은 명칭이 없을까?'

홍 팀장의 메모를 보면서 지혜가 말했다.

"여행 어때? 트리즈 여행."

"그래, 바로 그거야. 트리즈 여행!"

홍 팀장은 '여행'이 주는 느낌과 의미가 좋았다. 강의실에서 하는 딱딱한 교육이 아니라 제주의 아름다운 풍경 속에서 여행하듯 트리즈를 배우고 익힌다. 문제를 해결한 사람과 공간을 견학하며 그 문제가 어떻게 해결됐는지 직접 확인하는 것이다. 그동안 홍 팀장이 문제를 해결해주었던 사람을 만나고, 현장을 둘러보며 해결 과정을 체험한다. 이것이 트리즈 여행이다. 홍 팀장은 가슴이 뛰었다.

"모두가 비슷한 생각을 한다는 것은
아무도 생각하고 있지 않다는 것이다"

– 알버트 아인슈타인

PART

2

모든 문제는
반드시 해결된다

2박 3일 실전 트리즈 여행

문제 있는 삶들이
모이다

⋮

여행 1일차

📅 트리즈 여행일정

첫째 날

7시 : 벤처마루(트리즈와의 만남)

8시 : 저녁 식사

9시 : 제주 테라피(숙소 및 자연 치유 체험)

둘째 날

 7시 : 사려니숲(표고버섯 농장 체험 및 산림욕)

 8시 : 서귀포 매일올레시장(오메기떡, 금복식당 아침 식사)

10시 : COREA COFFEE(현장 학습 및 바리스타 체험)

11시 : 올레길 5코스(해안길 산책)

13시 : 회가 조우타(점심 식사)

14시 : 다원 녹차밭(조별 문제 : 한라산 제1횡단도로 제설 문제)

16시 : 산방산 탄산온천(휴식)

17시 : 흑돈향(저녁 식사)

19시 : 제주 테라피

셋째 날

7시 : 한라산 국립공원

9시 : 보롬왓(메밀 축제)

11시 : 함덕 서우봉해변(휴식 및 점심 식사)

13시 : 조별 문제 해결 결과 발표 및 평가

15시 : 해산

거대한 벽을 돌아가다

　20여 년 전, 김기석 씨 부부는 제주도로 신혼여행을 왔다. 산방산 유채꽃 속에서 사진도 찍고, 조랑말도 타고……. 그때 사진을 보면 옷도, 포즈도 촌스럽지만 참 행복해 보였다.

　"다시 한번 제주도에 가고 싶어요."

　"다음에, 지금은 바쁘니까 다음에 갑시다."

　기석 씨 아내가 여러 번 이야기했지만 그때마다 기석 씨는 바쁘다는 말로 넘길 뿐이었다. 사실 기석 씨는 정말 바빴다. 대기업에 입사한 기쁨도 잠시, 매일 새벽같이 출근해 밤늦게 퇴근해야 했고 해외 출장도 잦았다. 회사에서는 책을 읽으라고 추천 도서 목록까지 정해주었지만 당연히 볼 시간은 없었으며, 연애할 시간은 말할 것도 없었다. 기석 씨는 바쁜 시간을 쪼개서 연애한 지 3개월 만에 결혼했다.

제주도로 신혼여행을 간 것은 오로지 기석 씨 생각이었다. 잦은 해외 출장으로 인해 신혼여행까지 해외로 나가고 싶지 않았다. 기석 씨 아내도 어학연수를 마치고 한국에 들어온 지 얼마 되지 않았기 때문에 제주도 신혼여행에 찬성했다. 결혼하고 나서도 기석 씨의 삶은 별반 달라지지 않았다. 여전히 바빴다. 아이들이 태어나자 더 바빠졌고, 그러는 사이 IMF 경제위기가 찾아왔다. 기석 씨는 회사에서 이 눈치 저 눈치 보느라 숨도 제대로 쉴 수 없었다. 그 당시 많은 사람이 하루아침에 직장을 잃었다. 대부분 명퇴를 신청했고, 신청하지 않은 사람들은 계열사로 발령이 났다. 기석 씨는 빈 자리를 볼 때마다 동료에게 미안했다.

IMF 경제위기도 무사히 넘겼으나 나이는 어쩔 수 없었다. 불혹^{不惑}, 공자는 마흔이 세상사에 미혹되지 않는 나이라고 했지만 기석 씨는 그러지 못했다. 오히려 갈팡질팡 헤매며 하루하루 버티고 있었다. 근심과 걱정으로 감정이 폭발하기 직전이었다. 통장에 잔액은 예나 지금이나 달라진 게 없었고 직장도, 가정도 어느 하나 안정적인 게 없었다. 직장에서는 여전히 윗사람 눈치를 봐야 했고 아랫사람 경계도 해야 했다. 기석 씨는 모든 게 능력의 문제라고 생각했다. 윗사람들이 회사를 그만두는 모습을 보면서 자신은 그렇게 되지 않을 것이라고 확신한 적도 있었다. 그러나 한계를 맞이했다.

'어차피 넘을 수 없는 벽이라면 멀리 돌아서라도 가야지. 거대한 벽 앞에서 마냥 신세 한탄만 하고 있을 수는 없지 않은가. 나를 위해서, 가족을 위해서라도 계속 길을 걸어야지.'

기석 씨는 아내와 의논 끝에 회사를 그만두었다. 크게 다툴 것을 예상했지만, 뜻밖에도 아내는 기석 씨의 의견을 존중했다.

"매일 밤 악몽을 꾸듯 잠자리에서 몸부림치는 당신을 봤어요. 그래서 저는 이미 마음의 준비를 하고 있었어요. 당신이 살아야지 우리 가족이 사는 거 아니겠어요. 당분간 내가 버는 것으로 어떻게든 해봐야지 뭐."

기석 씨는 아내가 고마웠다. 눈물을 보이지 않으려 참고 또 참았다. 그렇게 회사를 그만두자 어떻게 알았는지 예전 상사에게 전화가 왔다. 기석 씨는 반가운 마음에 전화를 받았다. 하지만 예전 상사는 자꾸만 수익률을 강조하며 같이 사업해보지 않겠느냐고 제안했다. 그 후로도 몇 번 전화가 왔지만 기석 씨는 정중히 거절했다.

'이거 정신 바짝 차려야겠어.'

어느 날 기석 씨는 아내가 운영하는 작은 학원에 들렀다가 바로 옆 건물에 있는 원룸촌에 관심이 생겼다. 원룸 임대업이 흥할 거라는 소문에 여기저기 원룸이 들어섰다가 공실이 많아져 매매로 나온 건물이 많았다. 신축 건물이라 전세든 월세든 가격이 만만치 않았기 때문에 사람들에게 인기가 없었다.

기석 씨는 원룸촌을 몇 달 지켜보며 공실률과 수익률 그리고 은행 대출 이자 등을 꼼꼼하게 따졌다. 원룸촌을 옆에서 봐왔던 아내는 걱정했지만, 그동안 자세히 분석한 노트와 성공 전략을 보여주자 아내도 기석 씨의 결정에 손을 들어주었다. 그렇게 기석 씨 부부의 제2의 인생이 시작됐다.

트리즈 여행을 신청하다

기석 씨 부부는 이제 막 제주공항에서 나오는 길이었다. 20년 전과 많이 바뀌어 있었다.

'나만 바쁘게 산 게 아니었어. 제주도와 사람들 모두 바쁘게 변하고 있었구나.'

기석 씨는 한껏 숨을 들이마셨다. 예나 지금이나 제주의 공기는 기석 씨의 마음을 설레게 했다. 아내도 만족한 듯 활짝 웃고 있었다. 기석 씨는 택시에 캐리어를 싣고 '벤처마루'로 향했다.

처음 원룸을 매입해 사업을 시작했을 때, 기석 씨의 생각처럼 모든 일이 순조롭지는 않았다. 원룸 임대 사업에서 다들 발을 빼는 상황이 오히려 기회라고 생각했는데, 매입 과정에서 어느 정도 이익을 본 것이 전부였다. 문제는 그다음이었다. 기석 씨는 밤을 새며 계획을 보완했다. 다른 지역에서 서울로 오는 학생들의 부모들은 오래된 집보다 새집을 선호했다. 새집은 우선 깔끔하고 안전해 보이기 때문이다. 기석 씨는 새 건물이라는 점과 남녀별로 층이 분리됐다는 점을 내세워 부모들의 마음을 끌었다. 외국인과 유학생들 유치에도 적극적으로 나섰다. 건물 1층에 있는 작은 카페에서는 음료값을 자율적으로 내고 이용할 수 있도록 했으며, 매월 1일에는 옥상에서 입주자들이 어울릴 수 있도록 파티도 열었다. 시간이 지나자 입주자들은 서로 친구가 됐다. 외국인들은 마치 게스트하우스 같다며 좋아했고, 공실이 나면 지인을 소개해주었다. 나중에는 입주자들끼리 알아서 파티를 열었고, 그때마다 기석 씨를 초대했다. 서로 친하다 보니 이사를 가는 사람이 드물었다. 어쩔 수 없이 이사할 때면, 반드시 새 입주자를 소개해주고 떠났다. 친구들에게 소개해주고 싶은데 공실이 없어 안타깝다는 이야기를 들을 때마다 기석 씨는 보람을 느꼈다.

택시가 시청을 지나 벤처마루에 섰다. 기석 부부는 택시에서 내려 캐리어를 챙겼다. 택시 기사가 기석 부부를 도와 캐리어를 내려주었다.

"여기가 벤처마루로군."

"우리가 너무 일찍 왔나?"

아내의 말에 기석 씨는 시계를 봤다. 저녁 6시가 조금 넘은 시간이었다. 좀 이르긴 했지만 안에 들어가서 기다리면 될 것 같았다. 기석 씨 부부는 건물 안으로 들어가 엘리베이터로 향했다.

"정말……. 이게 도움이 될까?"

아내가 불안한 표정으로 기석을 바라봤다. 기석 씨도 확신은 없었다. 사실 기석 씨는 원룸 사업이 잘 풀리자 다른 곳에도 원룸을 매입해 사업을 확장했다. 그러나 왠지 처음만큼 잘 풀리지 않았다.

그 와중에 207호 여학생이 속을 썩였다. 언제부턴가 월세를 내지 않았다. 처음에는 뭔가 사정이 있어 그런가 보다 생각했다. 먼저 사정을 물으려니 여학생 처지가 난처할 것 같아서 조금 더 기다렸다. 그런데도 여학생은 아무 말도 없이 월세를 내지 않았다. 아직 보증금이 남아 있었지만, 그보다 먼저 여학생에게 무슨 일이 생긴 건지 걱정이 됐다. 기석 씨가 여학생을 찾아갔다. 그때마다 여학생은 집에 없었다. 아니, 분명 안에서 소리가 났는데 기석 씨가 벨을 누르면 대답이 없었다. 기석 씨도 오기가 생겨 계속 벨을 눌렀다. 그제야 문이 열렸다. 그런데 아뿔싸, 이게 무슨 일인가. 전쟁터가 따로 없었다. 여기저기 흩어져 있는 옷과 가방, 바닥에는 먹다 버린 음식물들, 벽마다 이상한 낙서와 코를 찌르는 냄새. 기석 씨는 무슨 사정이 있느냐고 물었다. 여학생은 말이 없었다. 기석 씨는 밀린 월세로 인해 보증금도 다 빠졌으니 방을 비워줘야겠다고 말했다. 사정이 있다면 며칠 더 여유를 주겠다고 말하려는데 여학생이 갑자기 소리를 질렀다. 그러더니 재빨리 문을 닫고 잠갔다. 너무 놀란 기석 씨는 여학생이 무슨 말을 했는지조차 알 수 없었다. 그 후로 몇 번 더 여학생을 찾아갔지만, 여학생의 태도는 변하지 않았다. 오히려 이사 비용을 줘야 나간다고 배짱을 부렸다. 기석 씨는 어이가 없었다. 그래도 학생이라 시간이 지나면 사과하겠거니 생각했는데, 한두 달이 지나도 연락은 없었다.

이런저런 고민을 안고 인터넷 검색을 하던 중 기석 씨는 지푸라기라도 잡는 심정으로 검색창에 '문제 해결 방법'을 썼다. '한반도 문제 해결 방법', '주차 문제 해결 방법', '여자 친구 문제 해결 방법', '창조적 문제 해결 방법'등 여러 가지 검색 결과가 나왔다. 기석 씨는 하나하나 살펴보다가 '창조적 문제 해결 방법'을 클릭했다. '창조적 리더', '생각의 지름길', '모순 극복' 등의 말들이 기석 씨의 마음을 사로잡았다. 그렇게 연관 검색을 하자 어느 블로그에서 홍 팀장의 인터뷰 기사를 볼 수 있었다.

'트리즈.'

기석 씨는 홍 팀장의 인터뷰 기사를 읽으며 몇 번이나 무릎을 쳤다. 트리즈로 모든 문제를 해결할 수 있다니……. 신용보증재단 서귀포 지점으로 연락한 기석 씨는 홍 팀장과 통화하면서 트리즈 여행을 알게 됐다.

'위기가 곧 기회다', '하늘 아래 새로운 문제는 없다', '기적은 우연히 일어나지 않는다'라는 홍 팀장의 말에 기석 씨는 한 치의 망설임 없이 트리즈 여행을 신청했다.

"다른 수가 없으니 이거라도 해봐야지. 아니, 어떻게든 돌파구를 마련해야지."

수긍하면 기적이 찾아온다

홍 팀장이 노트를 꺼냈다. 천천히 한 장씩 넘기자 김익철 선생에게 트리즈 강의를 들었던 순간이 떠올랐다. 이해가 되지 않는 부분에는 어지럽게 줄이 쳐져 있었고, 질문을 잊지 않기 위해 옆에 메모해두었던 흔적까지 고스란히 남아 있었다.

김익철 선생은 '수직적 사고를 수평적 사고로, 위기를 기회로, 부정을 긍정으로, 소극적 태도를 적극적 태도로'라는 이야기를 하면서 도표 하나를 보여주었다. 그런데 그 당시 김익철 선생도 말하지 않았던 것이 홍 팀장의 눈에 들어왔다. 그때는 집중해서 그런지 보이지 않았던 것이었다. 그것은 바로 '수긍'과 '기적'이라는 단어였다.

문제 해결 프레임

그동안 홍 팀장이 문제를 풀 때마다 사람들은 칭찬과 함께 기적이라는 말을 자주 사용했다. 자신들이 생각할 때 분명 뾰족한 수가 보이지 않았던 것을, 그래서 포기할 수밖에 없다고 생각한 것을 홍 팀장은 쉽게 해결했기 때문이다.

"기적이 아니라……, 트리즈라니까요, 트리즈."

사람들이 기적이라고 말할 때마다 홍 팀장은 논리적으로 문제를 해결하는 방법, 즉 트리즈라고 말했지만 사람들은 들으려 하지 않았다. 문제를 해결하는 방법보다 문제가 해결된 것에 만족했다. 그러나 문제는 어디에나 있다. 또한 문제가 있다는 것은 기회가 있다는 것이다. 문제가 곧 기회라는 것을 수긍할 때 기적이 일어난다. 홍 팀장은 다양한 문제를 해결하기 위해서 사람들이 그 방법을 알아야 한다고 생각했다.

김 차장도 홍 팀장의 생각에 적극적으로 찬성했다.

"홍 팀장님, 사실 팀장님께 말씀 못 드려서 그렇지, 저하고 강 대리는 한참 전부터 트리즈를 공부하고 있었습니다."

"정말인가?"

홍 팀장은 전혀 예상하지 못했던 일이라 깜짝 놀랐다.

"실생활에서 일어나는 문제를 트리즈로 해결하는 홍 팀장님을 보면서 저도, 강 대리도 정신이 번쩍 들었어요. 그런데 저희는 팀장님처럼 똑똑하지 않아서 이해가 잘 안 되는 부분이 있어요. 그때마다 누군가 트리즈를 쉽게 알려준다면 얼마나 좋을까 생각했죠."

"나도 쉽게 알려줄 수는 없어. 단지 내가 해결했던 문제를 같이 고민하고 문제의 발생과 해결 과정을 현장에서 직접 볼 수 있는 정도겠지."

"그게 바로 '고기 잡는 방법'을 알려주는 거 아닐까요?"

김 차장은 회사 내에서도 트리즈에 관심을 두고 있는 사람이 많다고 했다. 홍 팀장도 사람들에게 트리즈를 배워 보고 싶다는 말을 심심치 않게 들었다. 그럴 때마다 문제를 안고 있는 사람들과 트리즈라는 기회를 나누고 싶었다. 도저히 해결 방법이 없을 것만 같은 문제를 수긍하고, 적극적으로 트리즈를 활용해서 해결하는 기적을 다른 사람들도 누리기를 바랐다.

"좋습니다. 제 도움이 필요하면 언제든 말씀하세요."

김익철 선생의 든든한 말에 홍 팀장은 더욱 힘이 났다. 홍 팀장과 김 차장은 '트리즈 여행' 계획을 짰다. 그리고 각자 마음에 드는 문구를 적었다.

'위기가 곧 기회다.', '하늘 아래 새로운 문제는 없다.', '기적은 우연히 일어나지 않는다.'

홍 팀장과 김 차장은 서로 얼굴을 보며 미소 지었다.

부정이 아닌 긍정

'위기가 곧 기회라고?'

제주공항을 나서며 은영 씨는 몇 번이고 되뇌었다. 믿을 수 없었다.

'위기가 곧 기회라니, 위기는 위기일 뿐이야.'

은영 씨는 전화기를 꺼내 홍태 선배의 문자 메시지를 다시 확인했다.

'하늘 아래 새로운 문제는 없다.'

은영 씨는 또박또박 글을 읽었다. 그러자 지난 일이 떠올라 눈시울이 붉어졌다.

은영 씨는 유복하게 자랐다. 은영 씨의 등하교를 책임지는 운전기사도 있었고 은영 씨가 원하는 것은 뭐든지 살 수 있었다. 그러던 어느 날, 은영 씨 집 곳곳에 붉은 딱지가 붙었다. 어머니는 은영 씨를 품에 안고 울기만 했다. 아버지가 보증 서준 친구가 회사를 부도내고 외국으로 도주한 것이다. 부모님은 현재 주유소를 운영하고 있다. 하루아침에 집과 땅을 모두 잃고, 아버지 형제들의 도움으로 가까스로 지킨 것이 주유소였다. 물론 주유소도 형제들의 소유였다.

아버지는 다시 일어서면 된다고 말했지만, 뜻대로 되지 않았다. 얼마 떨어지지 않은 곳에 주유소가 생기기 시작했고 가격 경쟁을 하면서 저렴한 곳으로만 손님이 모였다. 그렇다고 가격을 한없이 내릴 수는 없는 노릇이었다. 결과적으로 손님 수는 그대로지만 벌이는 줄어들었다. 어쩔 수 없이 직원들을 하나둘 떠나보냈고 은영 씨와 부모님만 남게 됐다. 아버지는 매일 술을 마셨고, 어머니는 피곤과 기름때에 찌들어 몸이 마르고 피부는 푸석해졌다. 은영 씨도 마찬가지였다.

"요즘 문제 있냐?"

"아니, 그냥 좀 피곤해서."

"주유소는 잘 돼?"

"그렇지 뭐."

은영 씨는 친구들을 만나는 것도 피곤했다. 답답한 마음을 솔직하게 터놓을 만한 친구도 없었고, 말한다고 해서 해결될 문제도 아니었다.

"너 홍태 선배 알지?"

"디자인 회사 차린 선배?"

"그래, 요즘 대박이래. 얼마 전에는 방송에도 나왔다. 미래를 이끌 젊은 예술인이라고 말이야."

"정말?"

"인생 한순간이야. 망한 것 같다고 한 지가 언젠데, 이제는 강의도 다니고 말이야. 엄청 잘나가."

은영 씨는 친구 말에 호기심이 생겼다. 불과 얼마 전에 홍태 선배 회사가 망할 것이라는 소문이 자자했는데, 그 사이 무슨 일이 있었던 걸까? 은영 씨는 홍태 선배가 한다는 강의를 신청했다.

'예비 창업자를 위한 신개념 창업 가이드'

은영 씨는 맨 뒷줄에 앉아 홍태 선배의 이야기를 듣고 있었다. 처음에는 얼마나 대단한 강의를 하겠냐고 생각했지만, 갈수록 홍태 선배의 강의에 빠져들었다. 홍태 선배는 아주 당당한 표정과 목소리로 몇 번씩 강조했다.

"위기가 곧 기회입니다. 문제 앞에서 도망가지 말고, 기회를 찾기 바랍니다."

강의가 끝나자 박수가 쏟아졌다. 여러 사람들이 홍태 선배를 둘러싸고 사진을 찍었다. 홍태 선배가 먼저 은영 씨를 알아봤다. 은영 씨와 홍태 선배는 조용한 카페로 자리를 옮겼다.

"멋지네요, 선배. 연예인 같아요."

"연예인은 무슨, 그나저나 강의는 어땠어?"

"좋았어요. 특히 문제 속에 답이 있다는 메시지가 기억에 남아요."

"빙고, 아주 훌륭한 청자였군."

"그동안 무슨 일이 있었던 거예요?"

홍태 선배는 그동안 있었던 일들을 차근차근 말해주었다. 회사 일로 고민할 때 지인이 소개해준 사람이 많은 도움을 주었다고 했다. 은영 씨는 홍태 선배의 말을 듣고는 자기도 그 사람을 만날 수 있냐고 물었다. 요즘 주유소 문제로 부모님이 폭발 직전이라고 말했다. 그러자 홍태 선배가 문자메시지를 전달해주었다.

"트리즈 여행?"

"응, 분명 도움이 될 거야."

버스 창으로 지나가는 제주 풍경을 바라보며 은영 씨는 잠시나마 기분이 좋았다. 혼자 제주에 온 것은 처음이었다. 가족이나 친구들하고 제주에 몇 번 왔었지만, 이렇게 혼자 오니 기분이 남달랐다. 멀리 시청이 보이고 바로 옆에 벤처마루가 있었다. 은영 씨는 짐을 챙겨 버스에서 내렸다.

'제주까지 오다니, 내가 뭐에 홀린 게 분명해.'

은영 씨는 무언가 결심한 듯 벤처마루를 향해 한 발 한 발 내디뎠다.

불가능의 '불' 자를 태우면 '가능'이 된다

'어떤 사람들일까?'

홍 팀장은 이번 트리즈 여행 참가자 명단을 보며 생각했다. 열두 명의 사람들이 참가 신청서를 냈고, 그중 한 명이 개인 사정으로 빠졌다. 그리고 평소 홍 팀장을 알고 지내며 트리즈에 관심이 있었던 제주도민들까지 참가해 총 스무 명과 트리즈 여행을 함께하게 됐다. 더 많은 사람이 신청했지만 사연을 기준으로 스무 명만 선정했다.

'여행의 즐거움도 느끼고 자연스럽게 고민도 해결할 수 있는 여행이 되어야 한다.'

홍 팀장은 처음부터 많은 사람이 참가해서 정신없는 것보다는, 내실을 먼저 다지는 게 트리즈 여행의 발전을 위해 더 좋을 것이라고 생각했다. 트리즈 여행의 목적은 많은 사람이 참가하는 게 아니다. 그보다 걱정과 근심으로 고민하고 있는 사람들과 이야기를 나누며 다양한 해결 방안을 찾는 것이 더 중요한 목적이었다.

여행을 하는 동안 여러 사람이 움직이고 먹고 자야 해서 경비도 많이 필요했다. 그러나 홍 팀장에게는 그동안 트리즈로 문제를 해결해준 사람들이 있었다. 음식점, 펜션, 카페 등의 장소는 물론 농장주, 여행가, 영화감독, 공무원 등 인맥도 다양했다. 그들이 아니었다면 트리즈 여행은 상상할 수도 없었다. 홍 팀장이 트리즈 여행에 관해 말했을 때, 그들이 먼저 자신이 가지고 있는 자원과 재능을 활용할 것을 제안했다.

"앞으로 더 많은 사람이 트리즈 여행을 할 수 있도록 우리가 먼저 노력해야지."

홍 팀장의 말에 김 차장도 고개를 끄덕였다. 불가능의 '불' 자를 태우면 '가능'이 된다. 홍 팀장이 가장 좋아하고 자주 하는 말이었다. 김 차장은 트리즈 여행을 준비하면서 그 말이 거짓이 아니었음을 깨달았다.

어느덧 시간은 저녁 7시를 향하고 있었다. 홍 팀장도 떨리기 시작했다. 여러 사람 앞에서 트리즈 강의도 해봤고 신용보증재단 관련 강의도 해왔지만 이번만큼 떨리지는 않았다.

'어떤 고민을 하고 있을까? 그들의 고민을 어떻게 해결할 수 있을까?'

가만히 생각해보니 이 떨림의 정체는 설렘이었다. 홍 팀장의 웃음기 어린 입술과 반짝반짝 빛나는 눈동자를 바라보며 김 차장 또한 설레기는 마찬가지였다. 김 차장은 트리즈 여행을 준비하며 홍 팀장의 추진

력과 다양한 인맥에 또 한 번 감탄했다. 모두 홍 팀장의 말에 귀를 기울였고, 부족한 것이 있으면 서로 도움을 주겠다며 나섰다.

"도대체 홍 팀장님 매력의 끝은 어디일까요?"

강 대리가 말했다. 김 차장도 그것을 알 수 없었다. 김 차장과 강 대리는 이번 트리즈 여행 동안 반드시 홍 팀장님의 매력을 발견해서 자신의 것으로 만들겠다고 다짐했다. 홍 팀장과 김 차장 그리고 강 대리가 서로 눈빛을 교환했다. 그리고 누가 먼저랄 것도 없이 척, 앞으로 손을 내밀었다. 셋은 손을 포갰다.

"문제! 해결! 트리즈!"

힘차게 구호를 외치며 하늘을 향해 힘껏 손을 뻗었다. 그리고 웃었다. 이제 시작이다. 홍 팀장이 그동안 바랐던 트리즈 여행의 첫발을 내딛는 순간이었다.

홍 팀장은 주먹을 불끈 쥐었다.

왜 하필 나인가?

"안녕하십니까?"

홍 팀장은 앉아 있는 사람들을 향해 힘차게 인사했다. 홍 팀장을 알고 있는 사람들은 반갑게 웃어주었다. 그러나 몇몇은 무심히 고개만 끄덕였다. 아마도 각자의 고민이 너무 크기 때문이리라. 그동안 문제를 안고 홍 팀장을 찾아왔던 사람도 있었고, 그들을 통해 여행에 참가한 사람도 있었다. 자리 맨 끝에 지혜도 앉아 있었다. 홍 팀장은 굳이 올 것 없다며 말렸는데, 어느새 지혜도 자리를 차지하고 있었다. 지혜는 홍 팀장과 눈이 마주치자 슬쩍 손을 흔들었다.

'힘내.'

입술만 움직여서 아무도 듣지 못했지만, 홍 팀장은 지혜의 응원이 분명하게 들렸다. 그것도 아주 크게. 용기를 얻은 홍 팀장은 더욱 큰 목소리로 말했다.

"제주의 꺼지지 않는 불꽃, 홍 팀장입니다. 만나 뵙게 되어 반갑습니다."

홍 팀장과 김 차장, 강 대리가 차례로 인사했다. 사람들의 큰 박수와 환호에 김 차장이 눈을 감고 양팔을 벌렸다.

"멀리 제주까지 오셔서 트리즈 여행에 참여해주신 여러분께 진심으로 감사합니다. 이미 알고 계시겠지만, 트리즈 여행은 여러분에게 닥친 현실적 문제와 깊은 고민을 해결함은 물론 제주의 아름다운 자연과 맛있는 먹거리까지 두루 체험할 수 있는 여행입니다. 실생활에서 일어나는 다양한 문제를 해결하기 위해서는 해결 방법을 알아야 합니다. 왜 문제를 해결해야 할까요? 그것은 우리 삶에 있어서 행복과 성공에 큰 영향을……."

홍 팀장은 말을 멈추고 주위를 둘러봤다. 모두 홍 팀장을 바라보고 있었다. 열심히 듣고 있는 듯하지만 분명 홍 팀장의 말이 피부에 와 닿지 않을 것이다. 홍 팀장도 누군가의 강의를 들을 때마다 그랬다. 강사들의 이야기는 모두 좋은 이야기겠지만, 정작 자신에게 필요한 이야기를 듣긴 힘들었다. 또 아무리 좋은 이야기라고 해도 실생활에서 쓸 수 없다면 그것만큼 시간이 아까운 게 없었다. 가려운 곳을 긁어주어야 시원해지지 않겠는가. 홍 팀장은 천천히 한 명 한 명 모두의 얼굴을 바라봤다. 트리즈라는 생소한 이름에 이끌려 멀리 제주까지 온 사람들이었다. 그만큼 문제 해결이 절실한 사람들이라고 생각한 홍 팀장은 준비했던 인사말을 잠시 접어두었다.

"만일 여러분이 누군가를 만나지 않거나, 한적한 곳에 홀로 살고 있다면 문제가 생길 확률은 그만큼 낮을 겁니다. 다시 말해서, 문제가 생겼다는 것은 여러분이 왕성하게 활동하고 있다는 증거입니다. 왜 하필 나인가? 왜 나한테만 문제가 생길까? 이런 고민 한 번쯤 해보셨죠. 그러나 문제는 공평합니다. 누구에게나 문제가 생깁니다. 그러나 그 문제를 누구나 해결할 수 있는 것은 아닙니다. 모두 똑같은 고민을 하지만 해결 방법은 저마다 다릅니다."

사람들의 눈빛이 달라졌다. 모두 홍 팀장의 말에 귀를 기울였다. 그중에서도 특히 김기석 씨는 홍 팀장의 말에 무릎을 탁 치고 말았다. 마치 자신의 속을 들여다본 것처럼 말하는 홍 팀장이 놀라울 뿐이었다.

'왜 하필 나인가? 왜 하필 내 원룸에 207호 같은 여학생이 들어왔을까? 이 문제를 어떻게 해결해야 하나?'

기석 씨는 뭔가 희망의 끈이 보이는 것 같았다. 얼굴이 밝아진 기석 씨를 보며 아내도 한결 기분이 나아졌다. 기석 씨와 조금 떨어진 곳에 앉아 있던 은영 씨도 조금씩 흥미를 느꼈다. 홍 팀장의 자신감 있는 모습에 안심이 됐다. 적어도 약을 팔 것 같지는 않았다.

'문제는 공평하다. 누구에게나 문제는 있다.'

은영 씨는 노트에 쓴 홍 팀장의 말에 밑줄을 두 번 그었다.

문제에서 답을 찾지 마라

"선생님?"

은영 씨가 손을 번쩍 들었다.

"금요일 저녁 7시부터 여행이 시작되는 특별한 이유가 있나요?"

"아주 좋은 질문입니다."

홍 팀장은 잠시 이야기를 멈췄다. 모두 홍 팀장을 바라보고 있었다. 홍 팀장은 물을 한 모금 마신 뒤 대답했다.

"그건 제가 직장에 다니기 때문입니다."

홍 팀장의 대답에 모두 웃었다. 홍 팀장이 고개를 끄덕이자, 김 차장이 빔프로젝트를 켰다.

"자, 이런 문제가 있다고 합니다."

문제라는 말에 모두 조용해졌다.

"물 1리터를 채우는 데 소요되는 시간이 1초라고 한다면, 물 100리터를 채우는 데 소요되는 시간은 얼마일까요?"

"아, 난 또 문제라고 해서 긴장했네. 그야 1리터를 채우는 데 1초가 걸리면, 100리터를 채우는 데에는 100초가 걸리겠죠."

기석 씨의 대답에 모두 맞장구쳤다.

"그렇죠. 100초가 걸리겠죠. 다들 그렇게 생각하시나요?"

홍 팀장의 질문에 사람들은 서로 얼굴만 바라봤다. 왜 당연한 것을 질문하는지 모르겠다는 표정이었다.

"시험이었다면 여러분은 100점을 받았을 겁니다. 하지만 현실에서는 어떨까요? 정말 100초가 걸릴까요? 갑자기 모터가 고장이 날 수도 있고, 고무호스에 구멍이 생겨 물이 샐 수도 있습니다. 모터가 미친 듯이 돌아가 90초 만에 물이 채워질 수도 있을 겁니다. 그래서 현실에서의 정답은 '알 수 없다'입니다."

"그런 일이 있기는 하지만……."

"당연한 것이 당연하게 되지 않거나, 우리의 예상을 벗어날 때, 우리는 그것을 '문제가 생겼다'라고 합니다. 우리는 문제가 주어지면 반드시 정답이 있다고 생각합니다. 어릴 때부터 그렇게 배우며 자랐으니까요. 하지만 현실에서는 정답이 있다고 말하기 어렵습니다. 우리의 삶이 그렇게 단순하지 않죠. 변수가 너무도 많습니다. 자, 제주도는 섬일까요? 육지일까요?"

"당연히 섬이죠."

"정말 당연히 섬일까요?"

"바다 한가운데 있으니 섬입니다."

"제주도와 부산을 연결하는 다리가 생겨서 하루에도 몇 번씩 사람들이 다닐 수 있다면, 제주도는 섬일까요? 육지일까요?"

"그야……, 그거 참."

기석 씨가 머리를 긁적이며 웃었다.

"그럼 결론은 '답이 없다'인가요?"

"아닙니다. 답이 없는 게 아니라 '알 수 없다'입니다. 알 수 없다는 것은 다시 말해서 그만큼 다양한 답이 있을 수 있다는 겁니다. 어떻게 생각하느냐에 따라 제주도는 섬일 수도 있고 육지일 수 있습니다. 마찬가지로 어떻게 생각하느냐에 따라 물은 100초에도 채워지고 90초에도 채워집니다."

홍 팀장은 천천히 물을 한 모금 마셨다. 모두 눈빛을 반짝이며 홍 팀장의 다음 말을 기다렸다.

"가장 중요한 것은 바로 문제를 의심하는 겁니다. 변수가 많은 세상에서 하나뿐인 정답은 있을 수 없습니다. 우리의 삶은 답을 찾기 위한 노력의 과정입니다. 만약 여러분의 삶이 행복하지 않다면 이제껏 잘못된 답을 따라왔기 때문입니다. 왜 잘못된 답을 따라왔을까요? 그것은 보이는 것을 그저 보이는 대로만 봤고, 그래서 하나의 답만을 찾았으며, 그것이 정답이라고 믿었기 때문입니다. 그 전에 문제의 내면을 봐야합니다."

"문제의 내면이라고요?"

"네, 문제의 내면 말입니다. 겉으로 드러난 문제만 본다면 올바른 문제 해결 방법을 찾을 수 없습니다. 올바른 문제 해결 방법을 찾기 위해서는 문제를 의심해야 합니다. 문제의 본질을 파악해야겠죠. 보고 싶은 대로 보고 생각하고 싶은 대로 생각하면 반드시 오류가 발생합니다."

트리즈는 이미 시작됐다

"야, 대단했어. 언제 그런 준비를 다 한 거야."

제주 지식재산센터의 박 형이 홍 팀장의 어깨를 두드리며 말했다. 박 형도 이번 여행에 참여했다.

"강의를 들으면서 많은 걸 느꼈어."

"아직 더 보여드릴 게 남아 있는데 벌써 그러시면 안 됩니다."

박 형도 기대가 크다며 환하게 웃었다.

강의를 들으며 함께 시간을 보내서 그런지 사람들이 제법 친해졌다. 같은 지역에서 온 사람도 있었고, 같은 학교를 졸업한 사람도 있었다. 그렇게 서로 같은 것을 찾고 공유했다. 같은 것이 없는 사람들은 또 없는 대로 자신들의 이야기를 나누며 즐거워했다. 이렇듯 여행은 사소한 인연도 소중하게 만든다.

모두 즐거운데 딱 한 사람만 근심이 가득한 얼굴이었다. 바로 은영 씨였다. 은영 씨는 부모님을 모시고 왔으면 더 좋았을 것이라고 생각했다.

"어디 안 좋으세요?"

기석 씨 아내가 은영 씨에게 물었다. 기석 씨 아내는 아까부터 은영 씨를 지켜보고 있었다.

"괜찮아요."

"아까부터 먹지를 못하시네요."

기석 씨 아내는 잘 익은 고기를 은영 씨의 접시에 가득 놓았다. 은영 씨는 노릇노릇하게 익어 기름이 잘잘 흐르는 고기를 바라만 봤다. 보다 못한 기석 씨의 아내가 쌈을 크게 싸주었다. 은영 씨는 자기도 모르게 입이 벌어졌고, 그 순간 푸짐한 쌈이 입으로 들어왔다.

두툼한 고기에서 빠져나오는 진한 육즙이 목구멍으로 넘어가는 순간 은영 씨는 정신이 번쩍 들었다.

'그래, 내가 반드시 부모님 문제를 해결하겠어.'

홍 팀장이 주위를 둘러보며 말을 꺼냈다.

"제주 음식이 여러분 입맛에 맞는지 모르겠습니다. 오늘은 맛있게 드시고 푹 쉬시기 바랍니다. 내일부터는 문제가 있는 장소에 가서 왜 문제가 생길 수밖에 없는지 그리고 문제를 푸는 방법은 무엇인지 알아보겠습니다."

"내일부터는 머리를 써야 한다는 말이군요."

"그렇죠. 머리뿐만 아니라 문제를 풀 수만 있다면 뭐든 쓰셔야 합니다."

"이거 긴장돼서 고기가 막 당깁니다. 든든하게 먹어야겠어요."

박 형의 말에 모두 크게 웃었다.

"자, 트리즈는 이미 시작됐습니다. 그럼 여러분의 건투를 빕니다."

저녁을 먹고 숙소인 '제주 테라피'로 들어왔다. 숙소에 도착한 사람들은 서로 인사를 나누고, 각자 배정된 방으로 들어갔다. 기석 씨는 홍 팀장이 내준 문제를 유심히 들여다봤다. 금방 답이 떠오르지 않았지만, 남은 시간 동안 생각하면 못 풀 것 같지도 않았다. 기석 씨는 내일부터 본격적으로 시작될 트리즈 여행을 기대하며 잠자리에 들었다. 트리즈를 만난 첫날 밤은 그렇게 깊어만 갔다.

"삶은 문제 해결의 연속이다"

- 칼 포퍼

5

뒤집어서 문제를
바라보라

모순을 제거하라

"우리는 지금 우리나라에서 가장 아름다운 숲으로 선정된 사려니숲 길을 걷고 있습니다."

홍 팀장이 뒤따라오는 사람들을 향해 말했다. 아침 일찍 일어난 사람들이 사려니숲길을 걸으며 크게 숨을 들이마셨다. 잠을 푹 잔 기석 씨도, 부모님 걱정에 잠을 설친 은영 씨도 숨을 크게 들이마시며 숲이 주는 신선한 공기를 몸속으로 빨아들였다. 아침부터 제법 많은 사람이 사려니숲길을 걸으며 삼림욕을 즐겼다.

"가슴이 뻥 뚫리는 것 같아. 피톤치드가 면역 기능 강화에도 그렇게 좋다네."

그래서인지 사람들은 사려니숲길을 걷는 내내 '좋다'는 말을 연신

내뱉었다. 때죽나무, 삼나무, 편백, 계곡으로 수놓아진 숲의 풍경은 절로 감탄이 나올 만큼 장관이었다.

예부터 사려니는 '살안이' 혹은 '솔안이'라고 불렸다. '살' 혹은 '솔'은 신성한 곳이라는 말로, 사려니숲은 '신성한 숲'이라는 뜻이다. 오래전부터 많은 사람의 사랑을 받고 있으며 유네스코가 지정한 제주 생물권 보존 지역이기도 하다.

은영 씨는 '숲의 공익적 기능'이라고 적힌 팻말을 유심히 바라봤다.

'숲은 물의 양을 조절하고, 소음을 막으며, 야생 동물을 보호하고, 온도를 조절한다……'

'참 많은 일을 하는구나. 나는 한 가지 일만 하기에도 벅찬데……'

은영 씨는 괜히 걸음이 빨라졌다. 계곡을 지난 홍 팀장이 숲길에서 벗어나 표고버섯 농장으로 향했다. 산책길에서 벗어나 10여 분 정도 걸으니 표고버섯 농장이 나타났다. 표고버섯을 품은 참나무들이 일정한 간격으로 세워져 있었다. 사람들은 자연과 어우러진 농장을 넋을 놓고 바라봤다.

"아침부터 걷느라 힘드시죠?"

"아닙니다. 맑은 공기를 마시고 땀도 빼니 기분이 상쾌합니다."

"제주에 사시는 분들은 좋겠어요. 이런 숲길을 매일 걸을 수 있으니 말이에요."

사람들의 말에 박 형이 땀을 닦으며 대답했다.

"저는 제주에 40년을 살고 있지만, 오늘이 두 번째 와봅니다. 아무리 좋은 곳이라도 찾지 않으면 소용없어요."

"맞아요. 가까이 있으면 더더욱 좋은 걸 모른다니까요."

기석 씨 아내가 기석 씨의 어깨를 툭 치며 말했다. 그러자 모두 박수를 치며 웃었다.

"제주와 사려니숲이 키운 표고버섯입니다. 한 바퀴 둘러보시면서 표고버섯도 직접 따 드셔보세요."

"네? 정말요?"

모두 홍 팀장을 바라봤다. 홍 팀장은 웃으며 고개를 끄덕였다. 김 차장이 참나무에서 올라온 표고버섯을 따 입에 넣었다. 사람들도 농장을 구경하며, 표고버섯을 맛봤다. 쫄깃쫄깃한 표고버섯을 씹으면 입안 가득 신선한 향이 번졌다.

"표고버섯 안에 사려니숲이 통째로 들어 있는 것 같아요."

"은영 씨 표현이 멋지다. 시인이야, 시인."

기석 씨 아내가 엄지손가락을 세워 보이자, 은영 씨의 얼굴이 붉게 달아올랐다.

"한때 한라산에 약 30여 곳의 농가가 표고버섯 농사를 지었습니다. 우리나라 표고버섯 생산량의 80퍼센트 정도를 차지한 적도 있지만, 현재는 3퍼센트 미만으로 생산량이 떨어졌어요. 청정지역에서 재배하는 이점이 있는데도 불구하고 보시다시피 수도도 전기도 없고, 육지로 가는 운송비도 많이 들어가서 어쩔 수 없이 공급단가가 높을 수밖에 없습니다. 자연 재배한 한라산 표고버섯은 하우스 재배한 표고버섯에 비해 가격을 두세 배 더 받아야 하지만, 그러면 경쟁이 되지 않죠."

"그래도 한라산 품에서 자란 표고버섯이라 조금 비싸도 찾는 사람들이 있을 것 같은데요."

"바로 그겁니다. 한라산 표고버섯의 문제점이 뭘까요? 첫 번째 문제점은 한라산 품에서 자란 표고버섯을 타 지역 제품과 똑같이 비닐봉지에 담아서 파는 겁니다. 스스로 가치를 떨어뜨린 것이죠. 좋지 않은 것을 좋아 보이게 하라는 것이 아니라, 좋은 것을 그에 맞게 포장하라는 겁니다. 그래서 마케팅 전략을 고급 선물용으로 바꿨습니다. 한라산 청정 지역에서 소량 생산되는 표고버섯을 선물로 받는다면 특별함이 더해지겠죠. 두 번째 문제점은 표고 농장에 팻말을 세워 사람들의 출입을 금지시킨 겁니다."

"그게 문제가 되나요? 사람들이 드나들면 표고도 따갈 테고……."

"당연히 그렇겠죠. 하지만 그렇다고 해서 사람들을 못 오게 하는 건 하나를 지킴으로써 둘을 잃는 행동입니다. 보시다시피 현재는 표고버섯 농장 출입을 차단하지 않고 개방하고 있습니다. 사람들이 표고버섯 농장을 직접 보고 체험할 수 있다면 그만큼 믿음이 생기게 마련입니다. 표고버섯 농장을 둘러본 사람들은 직접 전화로 주문을 합니다. 생산자와 소비자 간에 신뢰가 쌓인 결과죠."

신뢰는 어디에서 오는가

사려니숲길에서 나와 서귀포 매일올레시장으로 향했다. 서귀포 매일올레시장은 평범한 재래시장 같지만, 상가 내 간판과 좌판을 정비해 이용하는 사람들의 불편함을 최소화하는 데 앞장선 재래시장이다. 감귤, 생선, 흑돼지, 은갈치 등 다양한 상품과 맛집으로 시장의 브랜드를 만들어나가고 있다. 그중에서도 특히 오메기떡 전문점인 '제일떡집'은 제주를 찾는 사람이라면 꼭 들러서 맛보는 필수 코스로 자리매김했다.

제주도에서는 주로 5월과 7월 사이에 오메기떡을 많이 만들어 먹는다. 오메기떡은 차조 가루를 빚어 콩가루나 팥고물, 견과류를 묻혀 먹는 것으로 따끈따끈할 때 먹어야 쫀득쫀득한 식감을 제대로 느낄 수 있다. 홍 팀장이 떡집 앞에 멈췄다. 사람들은 오메기떡을 바라보며 군침을 삼켰다.

"자, 여기가 그 유명한 오메기떡집입니다. 아침부터 사람들이 줄을 서 있죠. 오메기떡을 파는 곳은 이곳 말고도 많습니다. 그런데 왜 이 떡집이 유명할까요?"

박 형이 손을 번쩍 들고 말했다.

"맛있어서입니다."

모두 고개를 끄덕이며 웃었다. 홍 팀장도 박수를 쳤다.

"네, 맞습니다. 당연히 맛있으니까 유명하겠죠. 그럼 두 번째 이유는 뭘까요?"

"가격이 싸서 아닐까요?"

"역사와 전통 때문에?"

여기저기서 많은 대답이 나왔다. 홍 팀장은 우리가 보고 있는 떡집에 답이 있다고 말했다. 기석 씨와 은영 씨가 떡집을 둘러봤다. 사람들도 떡집을 유심히 바라보며 문제의 답을 찾았다. 왜, 무엇 때문에 이렇게 많은 사람이 찾는 것인지 궁금했다. 줄을 서서 기다리는 동안 은영 씨는 침을 꿀꺽꿀꺽 삼켰다. 은영 씨는 어서 자기 차례가 오기만을 기다렸다. 드디어 오메기떡을 산 은영 씨는 통팥이 감싸고 있는 오메기떡 하나를 조심스럽게 입에 넣었다.

'그래, 이 맛이야.'

은영 씨는 맛을 음미하며 오메기떡을 천천히 씹었다.

아주머니 셋이 의자에 앉아 오메기떡을 만들고 있었다. 어찌나 손놀림이 빠른지 눈 깜짝할 사이에 오메기떡이 완성됐다. 줄을 서 있는 사람들도 신기한 듯 그 모습을 바라봤다. 은영 씨도 넋을 잃고 바라보다 순간, 번쩍이는 생각과 함께 정신이 돌아왔다. 그리고 홍 팀장을 향해 걸어갔다.

"알았어요. 두 번째 이유."

홍 팀장이 은영 씨를 바라봤다. 떡집을 둘러보던 사람들도 은영 씨 주위로 몰려왔다.

"뭔가요?"

"그건……. 사람들이 줄을 서서 기다리는 동안 오메기떡 만드는 모습을 보여주는 거예요. 대부분의 식당에서는 음식을 만드는 과정을 볼 수 없잖아요. 우리가 먹는 것이 과연 제대로 만들어진 것인지, 위생상 괜찮은 것인지 알 수 없죠. 그런데 여기는 만드는 과정을 모두 보여주고 있어요. 그것이 맛은 물론 신뢰까지 얻는 방법이라고 생각해요."

옆에 있던 사람들은 고개를 끄덕였다. 대부분 은영 씨 의견에 동의했다.

"은영 씨가 이번 문제를 해결한 것 같네요."

"정말요?"

"네. 맞아요. 사람들은 보이는 것을 믿어요. 보이지 않는 것은 의심하기 마련이죠. 방금 은영 씨가 말한 것처럼 대부분의 음식점에서는 만드는 과정이 보이지 않죠. 그래서 맛있게 먹으면서도 의심하게 돼요. 그런데 만드는 과정을 보여주면 사람들은 믿어요. 누가, 어떤 복장으로, 얼마나 깨끗하게 만드는지 눈으로 직접 볼 수 있으니까요. 맛은 어떨까요? 믿음이 생기면 자연스럽게 맛도 더 좋다고 생각하겠죠."

사람들 모두 다시 떡집으로 가서 홍 팀장이 말한 그 모습을 확인했다. 위생 장갑을 낀 아주머니들이 오메기떡을 만들면 그 옆에서 기다리던 사람이 오메기떡을 포장했다. 기다리는 동안 오메기떡 만드는 과정을 보고, 거기서 나온 오메기떡을 바로 살 수 있다. 그제야 사람들 모두 고개를 끄덕이며 왜 만드는 과정을 보여주는지 이해했다.

하나를 주고 둘을 얻는다

이른 아침부터 사려니숲길과 매일올레시장에 들르느라 사람들은 배가 고팠다. 표고버섯을 맛보고 오메기떡을 먹었지만, 허기를 채우기에는 부족했다. 홍 팀장은 사람들을 이끌고 시장 골목으로 들어갔다. '보리밥 정식'이라고 쓴 노란색 입간판이 보였다.

"좁은 골목에 이런 곳이 다 있었네."

"값은 엄청 싸구먼."

"남는 것도 없겠어요."

홍 팀장이 식당 문을 열자 변변치 않은 인테리어와 누런 장판에 모두 당황한 눈치였다. 제주에서 이렇게 허름한 식당은 처음이라는 사람도 있었다.

"사람들이 찾아오기나 해요?"

"그럼요. 그것도 아주 많이 오시죠. 점심때면 시장 한복판까지 줄이 이어질 정도입니다. 여기가 어떻게 소문난 식당이 됐는지 궁금하시죠?"

홍 팀장이 제일 먼저 신발을 벗고 안으로 들어갔다. 지켜보던 사람들도 모두 안으로 들어가 누런 장판에 앉았다. 테이블도 서너 개뿐인 작은 식당이었다.

"처음에는 가격에 놀라고, 다음에는 맛에 놀라실 겁니다."

홍 팀장은 자신 있는 듯 웃었다. 식당 아주머니가 물병 대신 주전자를 가지고 왔다. 결명자와 옥수수를 섞은 차에서 구수한 냄새가 났다. 기석 씨와 아내는 맛도 향기도 구수한 차가 마음에 들었다. 은영 씨도 여러 번 따라 마셨다. 찐 감자, 마늘종, 호박, 콩자반, 무말랭이, 나물무침, 매운 고추 조림, 배추, 상추 등 밑반찬도 푸짐했다. 드디어 보리밥 정식이 나왔다. 깻잎과 함께 부친 계란 프라이가 인상적이었다. 고추장에 밥과 채소를 쓱쓱 비비자, 고소한 냄새가 진동했다. 된장과 간장이 모자란다고 하자 아주머니께서 바로 옆에 있는 항아리에서 푸짐하게 떠주었다. 된장도 간장도 직접 담가서 판다고 했다. 처음에는 '보리밥을 파는 작은 식당'이라고 우습게 보다가 맛을 본 후로는 된장과 간장을 사 간다고 아주머니가 말했다. 마침 옆에 있던 손님이 된장과 간장을 사 갔다.

"정말 이런 집은 사람들한테 소개해주고 싶지 않아요."

"나만 알고 싶은데 또 그러면 미안한, 그런 집이네요."

밥을 다 먹은 사람들이 된장과 간장을 샀다. 아주머니가 항아리에서 직접 퍼주었다.

"금복식당도 아까 떡집과 같군요. 직접 담근 된장과 간장으로 요리하고, 더 달라고 하면 바로 옆에서 퍼주고, 또 그것을 팔고."

기석 씨가 홍 팀장에게 말했다. 사람들도 기석 씨의 말에 고개를 끄덕였다.

"그래서 신뢰가 생긴 거죠. 보여주는 것으로만 끝났다면 이렇게 오래가지 못했겠죠. 맛과 품질 관리까지 소홀하지 않으니 잘 되는 게 당연합니다."

"역시 뭐든 겉모습으로 판단하면 안 돼요. 이렇게 작아도 그 속은 깊고 넓습니다."

기석 씨는 금복식당에서 산 된장과 간장을 보며 다시 생각했다.

'사려니숲의 표고버섯 농장은 맑고 깨끗한 자연에서 자란 표고버섯을 사람들에게 직접 보여주고, 버섯을 따는 체험도 할 수 있다. 오메기떡은 사람들이 줄을 서서 기다리는 동안 누가 어떻게 오메기떡을 만드는지 볼 수 있고 금복식당은 직접 담근 된장과 간장으로 음식을 만든다. 이것이 바로 사람들에게 믿음과 신뢰를 얻는 방법이다. 믿음과 신뢰를 얻기 위해서는 내가 먼저 하나를 줘야 한다. 하나를 주면 둘을 얻을 수 있다.'

사람들은 사려니숲의 표고버섯 농장, 매일올레시장의 오메기떡, 그리고 금복식당까지 모두 마음에 든다고 말했다.

"사람들에게 믿음과 신뢰를 얻는 방법은 생각보다 어렵지 않습니다. 창조적으로 문제를 해결한다고 해서 너무 거창하게 생각하지 마세요. 자, 다음 장소에서는 '위기가 곧 기회다'라는 말을 새삼 깨닫게 될 겁니다."

홍 팀장의 말에 모두 박수를 쳤다. 홍 팀장은 사람들과 함께 다음 장소로 이동했다. 기석 씨와 은영 씨는 다음 장소가 너무 궁금했다.

커피 하면 제주도

차에서 내린 사람들은 호기심에 가득 찬 눈빛으로 비닐하우스 옆에 있는 건물을 바라봤다. 붉은 지붕 아래 사방이 검은 유리로 된 건물은 마치 다른 세상으로 통하는 문 같았다. 천천히 안으로 들어서자 낡은 목제 가구와 진공관 앰프가 제일 먼저 눈에 띄었다.

"제주도에 이색 카페가 많다고 하더니 여기도 그런가봐요."

"안녕하세요. 홍 팀장님이 오늘 아주 귀한 분들이 오신다고 해서 기다리고 있었습니다. 저는 COREA COFFEE 사장입니다."

홍 팀장도 카페 사장과 반갑게 인사했다. 카페 사장의 얼굴과 진공관 앰프를 번갈아 바라보던 기석 씨가 말했다.

"이색적이긴 한데 특별한 건 없는 것 같은데요?"

"하하, 특별한 건 없습니다. 다만······."

카페 사장이 웃으며 사람들을 바라봤다. 주위를 둘러보던 사람들 모두 카페 사장을 바라봤다.

"다만, 제주산 원두로 커피를 만들고 있습니다."

"제주산 원두라면, 제주에서 커피나무가 자란다는 말인가요?"

"그렇습니다. 제주에서 자란 커피나무에서 수확한 커피지요."

"에이, 제가 커피를 아주 좋아하는데 제주 커피는 들은 적도 없어요."

모두 어리둥절한 표정으로 사장을 바라봤다. 사장과 홍 팀장은 서로 얼굴을 바라보며 미소를 지었다.

"제주 커피는 이제 막 시작 단계에 있습니다. 여기 계신 홍 팀장님의 도움이 없었다면 불가능했지요. 자, 저를 따라오세요."

홍 팀장과 사람들이 카페 건물 옆에 있는 비닐하우스로 향했다. 사람들은 정말 제주에서 커피나무가 자라는지 궁금했다. 그중에서도 커피를 좋아하는 기석 씨는 커피나무를 직접 볼 수 있다는 생각에 가슴이 뛰었다.

'내가 직접 키운 커피는 어떤 맛일까?'

사실 기석 씨도 커피나무를 직접 키우려고 몇 번 시도한 적이 있었다.

기석 씨는 커피나무를 사다가 화분에 심었다. 처음에는 쑥쑥 잘 크는 것 같다가 이내 흙에 곰팡이가 피고 잎이 마르더니 결국 죽고 말았다. 몇 번이나 커피나무를 죽이고 난 후에야 기석 씨는 커피나무 키우기를 포기했었다.

"이것이 바로 제주에서 자라는 커피나무입니다."

사장이 비닐하우스 문을 열었다. 비닐하우스 안에는 파란 잎들이 무성한 커피나무가 가득했다. 일정한 온도와 환기가 중요해서 여느 비닐하우스와는 달랐다. 사람들은 싱싱하고 맑은 커피나무의 향기를 맡으며 비닐하우스를 둘러봤다. 커피나무 잎은 긴 타원 모양으로 두껍고 반질반질 윤이 났다. 커다란 잎 사이에 핀 흰 꽃이 별처럼 빛나 보였다. 주렁주렁 매달린 커피 체리는 신선해 보였다. 화분에 담긴 키 작은 커피나무는 무럭무럭 자라고 있었고, 분양을 위해 이름표가 붙어 있는 화분도 있었다.

"이럴 수가, 제주에서 커피나무를 보다니."

커피나무를 손으로 쓰다듬으며 기석 씨가 말했다. 옆에 있던 아내도 붉게 익어가는 커피 체리를 바라봤다.

"커피 하면 아프리카만 생각했는데"

"맞습니다. 아프리카와 중남미, 서인도 제도 등 주로 커피를 생산하는 국가는 덥거나 따뜻한 나라입니다. 일 년 내내 따뜻해야 꽃이 피고 열매가 열려서 많이 생산할 수 있기 때문이죠. 그러나 이제부터는 커피 하면, 제주도가 될 겁니다."

"제주산 원두로 만든 커피가 어떤 맛일지 궁금하네요."

"미안하지만 저부터 한 잔 마시겠습니다."

기석 씨가 서둘러 비닐하우스 밖으로 나가려 했다. 그러자 사장이 기석 씨를 슬쩍 붙잡았다.

"커피를 마시기 전에 한 가지 할 일이 있습니다."

"그게 뭔가요."

"따라와 보시면 압니다."

커피 로스터기 앞에 사람들이 섰다. 처음 로스터기를 본 사람들은 어찌해야 할지 몰라 서로 얼굴만 쳐다봤다.

"커피 체리에는 씨앗이 있는데 이것을 생두라고 합니다. 생두를 커피로 만들기 위해서는 로스팅이라는 단계를 거쳐야 해요. 생두에 열을 가해 팽창시키면서 여러 성분을 조화롭게 만드는 작업입니다."

카페 사장이 먼저 시범을 보였다. 휴대용 가스레인지에 불을 켜고 로스터기를 천천히 알맞은 속도로 돌리기 시작했다. 사람들도 가스레인지 불을 켜고 로스터기를 천천히 돌렸다. 생두의 색이 바뀌면서 점점 고소한 냄새가 났다. 마치 빵 굽는 냄새 같았다. 시간이 흐르자 탁, 탁 소리도 났다. 기석 씨는 생두가 진한 갈색으로 변하자 불을 껐다. 단맛을 좋아하는 은영 씨의 원두는 연한 갈색빛이 돌았다. 사람들은 직접 만든 원두를 가지고 카페 안으로 들어갔다. 그리고 준비된 핸드밀로 원두를 갈았다.

"제주에서 커피나무도 보고, 직접 구운 원두로 커피도 마실 줄 누가 상상이나 했겠어요."

"그러게요. 맛이 어떨지 정말 기대돼요."

신기해하면서도 열심히 원두를 갈고 있는 사람들을 보면서 홍 팀장은 마음속으로 흡족했다. 사람들도 직접 원두를 만들고 갈아서 커피를 마신다는 생각에 모두 즐거워했다.

위기와 기회는 동전의 양면

"말씀드린 바와 같이 제주에서 커피나무를 키우는 일은 모두 홍 팀장님 덕분입니다. 홍 팀장님이 문제를 해결해주지 않았다면 저 또한 어떻게 됐을지 장담하기 어렵습니다."

카페 사장의 말을 들으며 사람들이 커피를 마셨다. 기석 씨와 은영 씨는 벌써 몇 번째 맛있다는 말을 하고 있는지 모를 정도였다. 사람들은 서로 커피를 나눠 마시며 맛을 평가했다.

"제주도 커피라 그런지 더 맛있습니다."

"태어나서 처음으로 로스팅을 했는데, 다음에는 가족이랑 와서 해봐야겠어요. 커피나무가 어떻게 생겼는지도 보여주고 같이 커피도 만들고. 이보다 좋은 교육이 없을 것 같아요."

기석 씨 아내의 말에 모두 고개를 끄덕였다.

"제주도는 다른 곳보다 해충이 많지 않아서 카페인도 적게 만들어집니다. 그야말로 웰빙 커피라 할 수 있습니다."

카페 사장의 말에 은영 씨도 안심이 됐다. 다음번 제주 여행에는 반드시 남자 친구랑 같이 와야겠다고 생각했다. 홍 팀장이 사람들 앞에 서서 말했다.

"그런데 문제가 있습니다. 커피나무 문제를 해결하고 나니 이번에는 가격이라는 문제가 생겼습니다. 제주도 원두가 수입한 원두보다 값이 더 나간다는 겁니다. 여러분 같으면 어떻게 하시겠어요?"

"가격을 낮추면 되지요."

"가격을 낮추는 것보다는 제주도 커피라는 브랜드를 만드는 것이 더 낫지 않을까요?"

사람들은 가격을 낮추자는 의견과 제주 커피의 브랜드를 만들자는 의견으로 나뉘었다. 서로 이야기를 통해 의견을 교환하고, 문제를 해결할 방법까지 제시했다. 홍 팀장은 그런 모습을 보면서 이제 막 트리즈의 세계로 진입한 사람들에게 박수를 쳐주었다. 놀란 사람들이 홍 팀장을 바라봤다.

"맞습니다. 가격을 낮추기도 해야 하고, 제주도 커피라는 새로운 브랜드를 만들기도 해야 합니다. 어느 쪽에 무게를 두느냐에 따라 의견이 달라지겠지요. 하지만 이렇게 생각해보면 어떨까요? 가격을 낮추는 것은 위기이고, 새로운 브랜드를 만드는 것은 기회이다. 그렇다면 여러분은 어느 쪽을 선택하겠습니까?"

"당연히 기회입니다."

"그렇죠. 만약 여러분이 이 카페의 주인이라고 생각해보세요. 가격을 내리기 쉽지 않을 겁니다. 가격을 내린다고 해서 그만큼 많이 팔린다는 장담도 없지요. 가격을 내린 만큼 품질과 양도 보장할 수 없습니다. 그렇다면 무리해서 가격을 내리는 것보다 제값을 받아도 될 만한 방법을 생각하는 것이 파는 사람과 사는 사람 모두에게 좋겠지요."

"아, 그래서 직접 로스팅도 하고, 커피도 사 갈 수 있게 만든 거군요."

"저도 들은 적 있어요. 고양이 배설물에서 채취한 커피는 값이 상당하다고 하던데, 그래도 많은 사람이 찾아 마시잖아요."

홍 팀장 옆에 있던 카페 사장이 사람들에게 말했다.

"그렇습니다. 문제를 해결하는 방법은 수십, 수백 가지가 될 것입니다."

카페 사장이 주머니에서 동전을 꺼냈다.

"동전에 앞뒤가 있지요. 앞이 있어야 뒤도 있고, 뒤가 있어야 앞도 있습니다. 위기와 기회는 동전의 양면이라고 생각합니다. 여기 계신 여러분도 저마다 문제를 가지고 이번 트리즈 여행을 신청한 것으로 알고 있습니다. 이번 여행에서 문제의 답을 꼭 찾으시길 바랍니다. COREA COFFEE가 여러분에게 도움이 됐으면 합니다. 고맙습니다."

카페 사장의 말에 모두 박수를 쳤다.

207호 여학생 문제

점심때까지 자유 시간이었다. 커피를 마신 사람들은 산책을 하거나 잠시 차에서 눈을 붙였다. 가까이에 올레길과 포구가 있어 산책하기에도 좋았다. 홍 팀장은 김 차장, 강 대리와 함께 다음 일정을 이야기하고 있었다.

"오후에 갈 녹차밭과 온천도 예약했습니다."

"자네들 덕에 여행이 한결 수월해졌어. 고맙네."

"팀장님도 잠시 눈 좀 붙이세요. 한숨도 못 주무셨다면서요."

"나는 괜찮아. 자네들이나 좀 쉬어."

"팀장님, 좀 이상한 것 같아요."

"뭐가?"

"여기는 어떤 문제가 있을까? 그 문제를 해결하려면 어떻게 해야 할까? 이런 생각이 떠나질 않아요."

김 차장의 말에 홍 팀장이 미소를 지었다.

"그게 바로 트리즈야. 이제 세상을 다양한 관점으로 보기 시작한 거지. 문제를 해결하는 가장 좋은 방법은 의심과 질문이라고."

"머리가 더 복잡해진 것 같은데요."

"경직된 사고가 물처럼 자유로워지고 있는 거야. 대부분 고정관념에 사로잡혀 문제를 해결하지 못하는 경우가 많아."

"좋은 것 같기는 한데 아휴, 너무 복잡해서 저는 좀 쉬어야겠어요."

김 차장과 강 대리가 카페 문을 열고 나갔다. 홍 팀장은 김 차장과 강 대리를 바라보며 이번 여행이 저 둘에게도 특별한 여행이 됐으면 좋겠다고 생각했다. 응원차 와주었던 지혜는 집에 일이 있어 먼저 돌아갔다. 함께하면 더욱 좋았겠지만 홍 팀장은 바쁜 와중에도 들렀다 간 지혜가 고마웠다. 생각난 김에 지혜에게 고맙다는 문자메시지를 보냈다.

홍 팀장도 커피를 마시며 잠시 여유를 즐겼다. 조용한 카페에 진공관 앰프에서 흘러나온 노래가 은은하게 울렸다.

"선생님, 선생님?"

기석 씨가 홍 팀장의 어깨를 두드렸다. 홍 팀장은 눈을 번쩍 떴다.

"죄송합니다. 아무리 불러도 대답이 없으셔서요."

"무슨 일이세요?"

홍 팀장이 의자에 바로 앉으며 기석 씨를 바라봤다. 기석 씨가 맞은

편 의자에 앉았다. 노래가 끝나자 카페가 다시 조용해졌다. 홍 팀장은 기석 씨를 바라보며 미소를 지었다. 홍 팀장의 미소에 기석 씨는 용기를 냈다. 원룸 사업의 확장과 비즈니스 창출에 대한 고민으로 트리즈 여행을 신청했지만, 정작 기석 씨를 괴롭히는 문제는 따로 있었다. 바로 207호 여학생이었다. 기석 씨가 오늘 아침에도 여러 번 전화했지만, 여학생은 받지 않았다. 문자를 남겨도 카톡을 보내도 마찬가지였다. 기석 씨는 몇 번 망설이다가 자신의 고민을 홍 팀장에게 털어놓았다.

"문제가 만만치 않군요."

기석 씨의 고민을 들은 홍 팀장이 말했다. 기석 씨도 저절로 한숨이 나왔다. 밤새 고민해도 답을 찾을 수 없어서 지푸라기라도 잡고 싶은 심정으로 홍 팀장을 찾아왔다.

"보증금까지 다 까먹고도 나갈 생각을 하지 않습니다. 오히려 이사 비용을 줘야 나가겠다고 배짱을 부려요. 하도 어처구니가 없어서 전기를 끊고, 단수도 했지만 소용없어요. 생수를 사 먹고, 집을 쓰레기통으로 만들면서 버티고 있지 뭡니까."

옆에서 이야기를 듣던 사람들이 한마디씩 했다.

"사장님 집인데 내보내면 되잖아요."

"그래요. 빨리 내보내야지 안 그러면 큰일 나."

"세입자 보호법 때문에 강제로 내보낼 수는 없어요. 게다가 여학생이라서 무작정 힘으로 내보낼 수도 없죠. 없는 사람 형편 좀 봐주지 뭐 그리 인색하게 구냐는 식으로 이야기하는 분들도 있지만, 당해보지 않고는 몰라요. 여학생이 얼마나 약은지……, 말도 마세요."

기석 씨가 고개를 흔들었다. 홍 팀장도 한숨이 나왔다. 무슨 사정이야 있겠지만, 여학생에게 아무리 물어도 대답하지 않는다고 하니 기석 씨 입장도 난처할 것이다. 순간, 홍 팀장은 김익철 선생에게 들었던 이야기가 떠올랐다.

안정과 불안정의 문제

홍 팀장은 이야기를 하기 전에 기석 씨가 그동안 고민했던 문제 해결 방법에 관해 물었다. 기석 씨는 아직 답을 찾지 못했지만 문제를 생각하면서 정리된 것을 말해주었다.

"입주자를 내보내려면 학생이 요구하는 대로 이사비용을 줘야 합니다. 하지만 월세도 못 받았는데 이사비용까지 주면 억울하니 이사비용을 주면 안 됩니다. 한편으로는 이사비용을 줘도 큰 손해는 아니라고 생각하지만, 손해 방지라는 목적을 달성하지는 못합니다. 재판비용보다는 적게 들겠지만, 손해는 손해지요. 또 이사비용을 준다고 해도 세입자가 나간다는 보장이 있는 것도 아니고요."

"그렇다면 이사비용을 지급하지 않고 입주자를 내보내는 것이 이번 문제의 해결 방법이군요.”

홍 팀장의 말에 기석 씨가 고개를 끄덕였다. 홍 팀장은 김익철 선생의 말을 떠올리면서 이번 문제는 '안정과 불안정'의 문제라고 생각했다. 안정과 불안정의 문제란 안정되거나 혹은 불안정해서 생기는 문제를 말한다.

중국의 어느 버스 회사는 난폭 운전 문제를 해결하기 위해 버스를 험하게 몰았을 시 운전 기사 머리로 물이 떨어지도록 버스 천장에 물동이를 매달았다고 한다. 문제의 주체를 불안정한 상태로 만들어 문제를 해결한 사례다.

“그렇다면 어떻게 세입자를 불안정하게 만들죠?”

기석 씨가 홍 팀장에게 물었다. 그러나 홍 팀장은 답을 말해주기보다 다른 이야기 하나를 더 해주었다.

“날달걀에 밥을 비벼서 드셔보신 적 있으세요?”

“그럼요. 어렸을 때 어머니께서 날달걀에 들기름 넣고 밥을 비벼주셨어요. 가끔 생각나기도 하지요.”

“저는 입맛 없을 때 그렇게 먹는데요, 이걸 혐오스럽다고 생각하는 사람들이 있어요.”

“정말요?”

기석 씨는 이해가 안 된다는 표정으로 홍 팀장을 바라봤다. 홍 팀장은 김익철 선생이 해주었던 이야기를 기석 씨에게 들려주었다.

김익철 선생이 미국에서 연구원으로 있을 때였다. 옆방에 텍사스 출신 연구원이 있었는데, 전에는 홍콩에서 살았다고 했다. 연구원은 다른 나라를 여행할 때마다 그 나라의 독특한 음식을 직접 먹어보는 것이 취미라고 했다. 발롯(부화하기 직전의 알을 삶은 음식)이나 코브라 술, 메뚜기와 전갈 튀김 등을 먹어봤다며 자랑스럽게 이야기했다. 그때마다 여자 연구원들은 질색하며 인상을 찌푸렸다.

김익철 선생은 그 연구원을 한국 식당에 초청해 같이 저녁을 먹었다. 그 자리에 우연히 날달걀이 나왔는데, 김익철 선생은 날달걀을 밥에 넣고 간장을 넣어 쓱쓱 비벼 먹었다. 그랬더니 그 터프한 연구원이 깜짝 놀란 눈으로 바라보며 말을 잇지 못했다. 어떻게 달걀을 날로 먹을 수 있느냐고 말했다.

"거참 이상한 사람이네요. 자기는 발롯이나 뱀도 먹어 놓고."

기석 씨는 어이가 없다는 듯이 혀를 찼다. 기석 씨 아내도 옆에서 고개를 흔들었다.

'이 이야기가 207호 여학생 문제와 어떤 연관이 있을까? 안정과 불안정이라…….'

기석 씨는 홍 팀장이 왜 이런 이야기를 자기에게 해주었는지 선뜻 이해할 수 없었다.

환상의 궁합

자유 시간을 보낸 사람들이 함께 점심 장소로 이동했다. 차를 타고 이동하는 내내 기석 씨는 구석에 앉아 뭔가를 생각하고 있었다. 홍 팀장이 알려준 모순도를 몇 번이나 그리고 지우기를 반복했다. 홍 팀장은 그런 기석 씨를 바라보며 기석 씨가 무사히 답을 찾기를 바랐다.

"오늘 점심은 '회가 조우타'에서 먹겠습니다."

성훈의 식당이었다. 이른 점심인데도 식당 안은 사람들로 꽉 차 있었다. 식당을 둘러보던 사람들은 자리가 있을지 걱정하는 눈빛이었다. 다른 식당으로 가야 하나 모두 고민하고 있는데, 성훈이 성큼성큼 다가오더니 홍 팀장을 반갑게 맞이해주었다.

"이분들이신가?"

성훈이 홍 팀장 뒤에 서 있는 사람들에게 반갑게 인사했다. 홍 팀장과 사람들은 성훈을 따라 계단으로 올라갔다.

"홍 팀장님한테만 개방하는 특별한 방입니다."

"와, 고맙습니다."

성훈은 작은 방문을 열고 사람들을 안내했다. 마치 비밀의 방처럼 작고 아담한 방을 사람들은 신기한 듯 둘러봤다. 성훈 부부의 문제가 해결되면서 손님방으로 바뀐 다락방이었다.

"뭘 먹어야 할까요?"

"기다리시기만 하면 됩니다. 이미 다 준비했습니다."

성훈이 조용히 방문을 닫고 나갔다.

"여긴 꼭 누가 살던 방 같아요."

"그러게, 그런데 사장님이 사는 것 같지는 않고."

가정집처럼 꾸며진 방을 둘러보며 사람들이 한마디씩 했다. 홍 팀장은 사람들에게 어제저녁에 했던 이야기를 잘 생각해보라고 했다. 노트를 펴 보는 사람, 휴대 전화를 들고 내용을 확인하는 사람, 저마다 홍 팀장이 했던 이야기를 되짚어봤다. 그때 옆에 있던 기석 씨의 아내가 조용히 말했다.

"혹시 균형과 비균형의 문제를 말씀하시는 건가요?"

"네. 맞습니다."

"부부 갈등 문제라서 저도 관심이 많았거든요. 특히, '가족이란 가장 위안이 되는 존재지만, 또한 가장 상처를 주는 존재이기도 하다'는 말씀에 공감을 많이 했어요."

"어허, 그러면 우리 사이에 무슨 문제가 있는 줄 알잖아요."

기석 씨가 곤란하다는 듯 아내를 말렸다. 어쩔 줄 모르는 기석 씨와 아내의 표정을 보며 모두 한바탕 웃었다.

"그럼 여기가 홍 팀장님 친구분 식당이네요."

"그렇습니다. 하나의 문제로 인해 모두가 불행해지기 직전에 다행히 문제를 해결할 수 있었죠."

"트리즈가 가족의 행복도 지켜주는군요."

기석 씨가 아내의 손을 다정스럽게 잡으며 말했다. 기석 씨의 행동을 바라보며 사람들이 다시 한 번 웃었다.

"문제를 해결하는 것은 행복해지기 위한 것이죠. 그래서 위기 속에는 반드시 기회가 있다는 겁니다. 문제를 해결하면 다른 삶, 즉 행복한 삶을 살 수 있으니까요."

문이 열리고 산낙지와 날치알 무침, 문어와 전복이 들어왔다. 금방 바다에서 나온 것처럼 싱싱했다. 그다음 각종 회와 푸짐한 해산물들, 로브스터가 나왔다. 사람들은 역시 제주라고 말하며 먹기 시작했다. 뒤이어 우럭 튀김, 해물 볶음, 초밥, 고등어구이, 샐러드가 차례차례 들어왔다.

"다른 식당은 밑반찬이 먼저 나오고 메인 요리가 나중에 나오는 데 여기는 반대네요."

"그렇죠. 우리가 싱싱한 회를 먹으러 식당에 가는 거지, 밑반찬을 먹으러 가는 건 아니잖아요. 밑반찬을 정신없이 먹다 보면 배도 부르고, 회 맛도 떨어져요. 그런데 여긴 싱싱한 해산물이 먼저 나와요. 밑반찬보다 해산물을 먼저 맛있게 드시라는 거죠. 그리고 결정적인 것 또 하나는…….”

홍 팀장의 말이 채 끝나기도 전에 방문이 열렸다. 성훈이 뭔가를 직접 들고 나타났다.

“또 하나가 바로 이겁니다.”

성훈의 말에 모두 탄성을 질렀다. 홍 팀장은 그런 사람들을 바라보며 만족한 듯 웃었다. 바로 로브스터 라면이었다. 라면에 로브스터 한 마리가 통째로 들어 있었다. 쫄깃쫄깃한 로브스터 살과 라면이 환상의 궁합을 자랑했다.

“트리즈가 아니었다면 이렇게 좋은 맛집이 사라질 뻔했네요.”

“생각만으로도 끔찍해요.”

“제 친구도 트리즈를 배우고 나서 식당에 응용하고 있어요. 싱싱한 해산물이 먼저 나오는 게 바로 그 예입니다.”

“트리즈가 가족도 지키고, 맛집도 지키고, 우리 생활과 환상의 궁합이네요.”

다시 방문이 열렸다. 밑반찬과 함께 볶음밥과 지리가 나왔다. 사람들은 배가 너무 부르다고 하면서도 남기지 않았다. 기석 씨가 잔을 들고 외쳤다.

“해결하라, 그러면 행복해질 것이다!”

사업은 사람을 남기는 것

홍 팀장과 사람들은 차를 타고 녹차밭으로 향했다. 배도 부르고, 햇볕도 따뜻해서 대부분의 사람들이 자고 있었다. 김 차장과 강 대리의 대화만이 가끔씩 들릴 뿐이었다.

"다 왔습니다."

김 차장의 우렁찬 소리에 모두 눈을 떴다.

"오설록 티 뮤지엄입니다."

드넓은 녹차밭이 한눈에 펼쳐졌다. 삼삼오오 모인 관광객이 둘레 길을 걷거나, 녹차밭에서 사진을 찍으며 여유를 즐겼다. 오설록 티 뮤지엄은 명맥이 끊긴 전통 차 문화를 계승하고, 보다 많은 이가 차 문화를 체험할 수 있도록 개관한 국내 최대 규모의 차 종합 전시관이다. 개관

이래 매년 70만 명 이상의 관광객이 찾아오는, 이제는 제주도에서 빼놓을 수 없는 여행 코스이자 차 문화의 성지가 됐다. 홍 팀장과 사람들은 차 문화 체험관인 티스톤을 둘러보고, 유리벽 너머로 보이는 곶자왈의 풍경을 바라보며 차를 마셨다. 입 안 가득 그윽한 향기가 퍼졌다. 전망대에 다녀온 은영 씨도 녹차를 마시며 홍 팀장과 나란히 앉아서 녹차밭 풍경을 감상했다.

"정말 사람이 많네요. 같은 녹차밭인데 다른 곳보다 관광객이 훨씬 많아요."

"그렇죠."

"전에 한 번 왔던 적이 있어요. 사람이 너무 많아서 입구만 보고 그냥 갔었죠."

"왜 사람들이 다른 녹차밭보다 오설록을 찾는 걸까요?"

은영 씨의 말에 홍 팀장은 가만히 미소를 지었다.

"퀴즈입니다. 천천히 둘러보시면서 한번 풀어보세요."

은영 씨와 기석 씨 부부는 차 문화실로 향했고, 다른 사람들도 삼삼오오 흩어졌다.

"이상하지, 똑같은 녹차밭인데 오설록은 사람이 많고, 다른 녹차밭은 상대적으로 사람이 적어."

"그러게, 어떤 차이가 있는 걸까?"

사람들은 이제 홍 팀장이 말하지 않아도 알아서 문제를 발견하고 해결 방법을 서로 이야기했다.

녹차밭을 둘러본 사람들이 모두 홍 팀장 주위로 모였다.

"잘 보셨나요?"

"네. 요즘 지역마다 관광 상품을 만들기 위해서 애쓰는데, 여기 제주에서는 오설록 티 뮤지엄이 그 몫을 톡톡히 하고 있는 것 같네요."

"사업은 사람을 남기는 것이라고 하죠. 많은 사람에게 신뢰를 얻기 위해서는 기업이 먼저 하나를 내줘야 합니다. 먼저 이득을 취하는 게 아니라, 하나를 주고 둘을 얻는 겁니다. 이미 보리밥 식당에서 우리는 그것을 확인했습니다."

"오설록이 다른 곳보다 특별한 점은 입장료를 받지 않는다는 겁니다. 입장료가 없으니 부담 없이 들러 구경할 수 있습니다. 같은 녹차밭이라면 입장료가 있는 곳보다 없는 곳을 가는 것이 인지상정이지요."

"기석 씨 말대로입니다. 다른 곳에는 입장료가 있는데 여기만 없다면 뭔가 혜택을 받는 느낌이 들 겁니다. 입장할 때부터 왠지 기분이 좋지요."

홍 팀장의 말에 모두 고개를 끄덕였다.

"또한, 녹차밭이라고 해서 녹차만 있는 게 아닙니다. 삼국 시대부터 조선 시대까지 이르는 귀한 다구茶具들과 세계의 찻잔을 볼 수 있습니다. 차 잎을 직접 덖는 과정을 보면서 신선한 차를 구입할 수 있고 남녀노소가 즐길 수 있는 웰빙 메뉴가 다양합니다."

"다른 녹차밭에 비해 즐길 수 있는 것이 훨씬 많아요."

문제를 해결하는 가장 빠른 길

"표고버섯 농장이나 오메기떡, 금복식당 모두 비슷한 점이 많아요. 내가 먼저 하나를 주고 둘을 얻는 것 같아요."

"여기서 먼저 하나를 준 건 뭘까요?"

"입장료를 안 받는 겁니다."

"그럼 얻은 건 뭘까요?"

"기업의 브랜드 가치입니다. 많은 사람이 오설록에 와서 차를 마시고 체험하면 자연히 인지도가 높아지고, 기업과 제품의 품질을 신뢰하게 됩니다. 기업의 브랜드 가치는 점점 커져 더 많은 사람이 오설록을 방문하겠지요.

"그렇습니다. 그것이 오설록에 관광객이 많은 이유입니다. 기업은 이윤을 남기려고 합니다. 그러다 보니 입장료를 받을 수밖에 없습니다. 하지만 입장료를 받으면 입장료가 없는 곳보다 사람들이 덜 오게 됩니다. 사람이 많이 찾아오면 이윤은 자동적으로 따라오는 것이지요. 오설록에 한 번이라도 와봤거나, 오설록을 아는 사람들은 마트에서 녹차를 볼 때마다 오설록을 떠올릴 겁니다."

홍 팀장은 잠시 말을 끊고 사람들을 살펴봤다.

"제가 그동안 문제 해결 상담을 하면서 느낀 것이 있습니다. 사업은 이윤을 남기는 것이 아니라 사람을 남기는 겁니다. 또한 사업은 내가 먼저 하나를 주고, 둘을 얻는 겁니다. 마지막으로 사업은 자본으로 하는 게 아니라 아이템으로 하는 겁니다."

"그것도 트리즈의 결과인가요?"

"물론입니다. 문제를 보는 눈과 함께 그 문제를 해결하는 생각의 방법을 찾는 것, 그것이 바로 지금 여러분이 하고 계시는 트리즈 여행입니다."

홍 팀장은 문제를 발견하고 그 해결 방법을 찾는 데 트리즈가 도움이 되기를 바랐다. 물론 트리즈가 100점짜리 아이디어를 던져주지는 않는다. 비슷한 사례의 해결 원리를 찾아주기 때문에 어쩌면 50점짜리 아이디어라고 할 수 있다. 하지만 50점의 아이디어를 얻는 대신 목적지까지 헤매지 않고 가장 빠르게 길을 찾아준다.[1] 이제부터 나머지 50점은 사람들 각자의 아이디어로 해결해야 한다. 자신이 가진 정보와 지식으로 창조적 문제 해결 방법을 만드는 것이다.

---

1 김영한, 김익철, 『생각의 지름길』, 다산북스, 2008, p.73.

한라산 제1횡단도로 제설 문제

"제가 여러분께 문제를 하나 내겠습니다."

모두 조용히 홍 팀장을 바라봤다. 반짝반짝 빛나는 사람들의 눈빛에 홍 팀장은 가슴이 떨렸다. 조금씩 사람들이 트리즈의 매력에 빠져드는 것만 같았다.

"이번 문제는 개인이 아닌 조별 문제입니다. 조원끼리 의견을 나누고 해결해주시면 됩니다. 단, 내일이 마지막 날인데요."

"어우, 벌써 내일이 마지막 날이에요? 시간 참 빠르다."

"그렇죠. 저도 아쉽습니다. 내일 해산하기 전까지 문제 해결 방법을 정리해서 말씀해주세요. 아셨죠?"

"네."

홍 팀장이 과연 무슨 문제를 낼까 모두 궁금했다.

"제주도에 한라산 제1횡단도로가 있습니다. 5·16도로라고도 하죠. 그런데 한라산에 폭설이 내릴 때가 많아요. 한 번 폭설이 내리면 순식간에 몇 센티미터씩 쌓입니다. 미리 예고라도 되면 대비할 수 있는데, 갑자기 내린다는 게 문제입니다. 제주도 중심을 횡단하는 도로라서 도로가 통제되면 빙 돌아가야 하니 여간 불편한 게 아닙니다. 저도 예전에 도로에서 폭설을 만났는데, 차가 미끄러져서 아주 위험했어요. 이러한 폭설 문제를 해결할 방법이 무엇일까요? 내일 해산하시기 전에 정리해서 조별 발표하겠습니다."

홍 팀장이 말을 마치자 조원끼리 의견을 나누기 시작했다. 조원들은 이번 문제를 해결하기 위해 각자의 정보와 지식 그리고 아이디어를 모을 것이다. 이러한 과정을 거쳐 도출된 해결 방법은 다른 사람이 만들어서 가져다준 것이 아니라 조원들 스스로 만들어 내는 것이기에, 이후에 새로운 문제가 발생한다 해도 스스로 해결안을 낼 수 있는 능력을 갖추게 된다. 그러나 상당수의 사람이 새로운 아이디어를 내는 데에 익숙지 않다. 앉아서 멍하게 시간을 보내거나 주제와 상관없는 엉뚱한 이야기를 할 때가 많다.

창의적 사고를 하려면 새로운 정보를 받아들이고 새로운 생각을 하려는 마음가짐이 필요하다. 마음가짐이 없다면 같은 정보에 노출되어도 자극을 받지 못한다. 머리가 우수하다고 무조건 창조력이 뛰어난 것은 아니다. 생활 전반에서 창조성이 살아나야 한다.

트리즈 창안자 겐리히 알츠슐러^{Genrich Altshuller}는 "아직도 창의성이 후

천적인 학습을 통해 발전할 수 없다고 생각하는 사람이 많다. 그러나 누구나 창의적인 사람이 될 수 있다. 창의성은 프로세스를 통해 학습할 수 있다"라고 말했다.

나만의 창조적 문제 해결 방법을 찾아라

저녁을 먹기 전 산방산 탄산온천에 들러 휴식을 취했다. 온천을 마친 사람들은 광장에 모여 이야기를 나눴다. 한라산 제1횡단도로 문제를 풀기 위해 휴식을 취하는 시간에도 조원들끼리 모였다. 처음 만났을 때의 어색함은 이제 모두 사라진 것 같았다.

"직장 생활할 때는 관리적 사고에 익숙해져서 고정관념에 사로잡혔죠. 고정관념에 사로잡히는 것은 자신이 사용할 수 있는 두뇌의 메모리 용량을 줄이는 것과 같아요."

기석 씨가 말했다. 옆에 있던 김 차장도 맞장구쳤다.

"맞습니다. 고정관념이 문제예요. 경험에 의해서만 생각하려고 하고, 아이디어를 가로막죠."

"아이디어도 중요하지만, 그 아이디어를 실행에 옮길 방법 또한 중요한 것 같아요. 홍 팀장님의 아이디어는 이제껏 모두 실행됐고, 문제를 해결했어요. 저는 그게 트리즈의 장점이자 홍 팀장님만의 트리즈라고 생각해요."

"꿈을 이루고 잘 살기 위한 방법에 대해 많은 이들이 이야기합니다. 그러나 과연 실생활에 도움을 주는 이야기가 얼마나 될까요? 그런 면에서 트리즈가 특별한 것 같아요."

강 대리의 말에 홍 팀장도 고개를 끄덕였다.

홍 팀장이 처음 트리즈를 배울 때 생각한 것이 있었다.

'실생활에서 유용하게 쓸 수 있는 트리즈를 만들고, 그것을 많은 사람에게 알리자.'

기존 트리즈는 전문적인 용어 때문에 내용 자체가 어려웠다. 또한, 실생활보다는 기업 경영활동에 치우친 경향이 강했다. 그래서 홍 팀장은 자연스럽게 자신과 주위 사람들의 문제에 관심을 두기 시작했고, 그 문제를 해결하기 위해 노력했다. 그렇게 하나둘 문제를 해결하면서 자신만의 창조적 문제 해결 방법을 찾게 됐다.

"홍 팀장님 이번 한라산 제1횡단도로 제설 문제는 좀 어려운데요?"

"그런가요? 하지만 의외로 쉬울 수도 있습니다. 제가 말씀드렸던 것처럼 문제를 의심하고 수직이 아닌 수평적 사고로 다시 한번 문제에 접근해보세요. 그러면 창조적 해결 방법이 보일 겁니다."

사람들이 모두 모이자 홍 팀장은 저녁을 먹기 위해 식당으로 향했다. 흑돈향이었다. 홍 팀장을 따라 식당으로 들어선 사람들은 테이블을

꽉 채우고 앉아 있는 손님들을 바라보며 신기해했다. 화력 좋은 연탄불 위에서 고기가 지글거리며 구워졌다. 두꺼운 고기에서 솟아난 육즙이 연탄불로 떨어질 때마다 저절로 침이 넘어갔다.

"이거 완전 식도락 여행인 것 같습니다. 어제도, 오늘도 정말 푸짐하게 먹습니다."

"내일도 기대하셔도 좋습니다."

"이거 정말 기대되는데요. 창조적으로 먹는 건 제가 자신 있습니다."

식당 사장이 직접 고기를 잘라주었다.

"제주 흑돼지는 멜젓에 찍어 드셔야 맛있습니다. 멸치를 멜이라 부르는데, 멜젓에 매운 고추와 마늘을 송송 썰어 넣고 소주를 부어줍니다. 그리고 불에 끓이면서 고기를 찍어 드시면 정말 맛있습니다."

"멜젓에 찍어 먹으니까 칼칼하고 구수하니 이거 괜찮네."

"뭍에서 먹을 수는 없을까요?"

"트리즈가 있는데 뭔 걱정인가. 트리즈로 해결하는 거지."

기석 씨가 뭔가를 생각하는 듯 허공을 바라봤다. 옆에 있던 아내가 그런 기석 씨를 보며 고개를 저었다.

"뭐든 좋습니다. 생활에서 문제를 발견하는 것도, 그 문제의 해결 방안을 위해 고민하는 것도 모두 트리즈입니다. 여러분의 생각과 말에 자연스럽게 트리즈가 녹아들기를 바랍니다. 그래야 나만의 창조적 문제 해결 방법을 찾을 수 있습니다. 가장 중요한 것은 문제를 찾아서 의심하고, 모순을 제거하고, 아이디어를 내고, 실행 방안을 마련하는 겁니다."

소극적 해결에서 적극적 해결로

저녁을 먹고 숙소로 돌아온 은영 씨는 가방에서 노트를 꺼냈다. 첫날부터 기록한 홍 팀장의 말들을 다시 보며 잠시 생각에 잠겼다. 홍 팀장은 문제를 찾아서 의심하고, 모순을 제거하고, 아이디어를 내고, 실행 방안을 마련하면 문제가 해결된다고 했다.

'위기 속에서 기회를 찾자, 문제 속에 답이 있다.'

은영 씨는 주유소 문제에 관한 모순도를 그리기 시작했다.

'다른 주유소와의 경쟁에서 이길 수 있는 방법이 없을까?'

가격을 낮추는 것은 한계가 있다. 그것은 다른 주유소도 마찬가지였다. 종업원을 두지 않고 영업하는 것도 문제가 있다. 아버지 어머니가 쉬지를 못해 예전보다 많이 힘들어하시고 부부 사이도 나빠졌다.

'주유소 문제를 풀어서 아버지 어머니의 사랑도 되찾고 가정의 평화도 지켜야지.'

가끔 단체나 기업과 계약을 맺어 기름을 공급하지만 그 또한 외상이 많아서 리스크 관리에 신경을 써야 했다.

'개인 고객을 늘려야 하는데…….'

은영 씨는 몇 번이고 모순도를 다시 그렸다. 그리고 차분히 생각의 그물을 치며 문제의 원인을 다시 생각했다.

'이익을 내기 위해서는 기름을 많이 팔아야 하고 가격은 내리면 안 된다. 또한 개인 고객을 많이 잡아야 한다. 어라? 이거 어디서 들었던 건데.'

은영 씨가 노트를 이리저리 펼치며 뭔가를 찾았다.

'그래, 바로 이거야, 가격을 낮추는 것은 또 다른 위기라고 했어. 가격을 내린다고 해서 그만큼 더 팔릴 것이라는 보장도 없잖아. 사람들은 주유를 하면서도 품질을 의심할 거야. 그렇다면 무리해서 가격을 내리는 것보다 제값을 받아도 될 만한 방법을 찾아야 해.'

은영 씨는 오설록 티 뮤지엄에서 있었던 일도 되짚었다.

'우리 주유소만의 브랜드를 만드는 건 어떨까? 가격을 낮추는 것은 위기이고, 새로운 브랜드를 만드는 것은 기회라고 했어.'

가격을 낮추는 것은 소극적인 문제 해결 방법이고, 브랜드를 만드는 것은 적극적인 문제 해결 방법이다.

'문제를 부정하지 말고 긍정하자. 부정하면 다른 사람을 탓하거나 피하게 된다. 아버지 어머니는 지금 문제를 부정하고 있다. 문제를 수

궁하고 긍정할 때 적극적인 문제 해결 방법이 떠오를 것이다.'

은영 씨는 금방 떠오른 생각이 사라지기 전에 열심히 노트에 적었다.

제주도의 마지막 밤

"은영 씨 자요?"

기석 씨 아내가 방문을 두드렸다. 은영 씨는 노트를 덮고 일어나 방문을 열었다.

"무슨 일이세요?"

"오늘이 마지막 밤이잖아. 그래서 아쉬운 사람들끼리 소박하게 파티라도 하려고, 조별 문제도 해결해야 하고."

"네, 정리 좀 하고 바로 갈게요."

은영 씨는 노트를 덮어 가방에 넣었다.

은영 씨가 큰방으로 들어갔다. 이미 몇몇 사람이 둘러앉아 있었다. 은영 씨가 어디에 앉을지 두리번거리자 기석 씨 아내가 손을 번쩍 들어 은영 씨를 불렀다.

"은영 씨."

기석 씨 아내 옆에 은영 씨가 앉았다.

"생각은 해보셨어요?"

"네?"

"한라산 도로 문제."

"아, 조금요. 그런데 잘 모르겠어요."

"은영 씨 오는 동안 우리가 몇 가지 해결 방안을 생각해봤는데요."

기석 씨가 조원들의 생각을 정리한 것을 은영 씨에게 읽어주었다.

은영 씨 생각과 비슷한 것도 있었고, 전혀 생각지 못한 것도 있었다.

"어때요?"

"저는 세 번째 게 좋다고 생각하는데요."

"봐, 은영 씨도 그렇다고 하잖아."

"그럼 우리 조는 세 번째 걸로 합시다. 이의 있으신 분?"

기석 씨가 조원들을 바라봤다.

"그렇게 합시다. 땅땅땅."

다른 조원들도 문제 해결 방법을 찾고 있었다. 은영 씨가 가만 들어

보니 재미있고 기발한 의견들이 많았다.

"뉴스 봤어요?"

"어떤 뉴스요?"

"글쎄 아들이 아버지를 망치로 때렸다지 뭐예요."

"정말요?"

"그렇다니까."

"왜요?"

"아버지가 오래전부터 아내랑 아들을 폭행했나 봐요. 참다못한 아들이 망치로 아버지를……. 그런데 주민들이 감옥에 있는 아들을 위해 서명 운동을 하고 있어요."

은영 씨가 처음 이야기를 들었을 때는 아들이 나쁜 사람이라고 생각했다. 그런데 이야기의 내막을 자세히 들어보니 아들의 처지를 이해할 수 있었다. 홍 팀장님이 말했던 '문제를 의심하라'라는 말이 떠올랐다.

"난 트리즈가 이런 문제도 해결할 수 있었으면 좋겠어."

기석 씨 아내가 전화를 받으러 밖으로 나갔다. 마지막 밤이라고 하니 은영 씨도 아쉽기는 마찬가지였다. 이제야 트리즈가 뭔지 알 듯 말 듯한데 마지막 밤이라니. 그리고 그건 은영 씨뿐만 아니라 모두 같은 마음이었다. 은영 씨는 트리즈 여행을 오길 잘했다고 생각했다.

삶이
행복해진다

⋮

여행 3일차

남의 문제와 자신의 문제

기석 씨 아내가 방으로 들어왔다.

"무슨 통화를 그리 오래 해?"

"글쎄, 이 녀석이 현관문도 제대로 안 닫고 나갔다지 뭐야."

"뭐? 도둑 들면 어쩌려고."

"내 말이, 다행히 윤미가 집에 일찍 들어왔대. 윤미 아니었으면 큰일 날 뻔했어."

"문이 고장 났나?"

"그런가봐. 윤미가 그러는데 잠금 장치가 고장나서 문이 자동으로 잠기지 않았대."

"허, 거참."

기석 씨가 눈살을 찌푸리고 혀를 찼다.

"요즘 세상에 문을 안 잠그면 얼마나 위험한데……."

그때였다. 아내의 말에 기석 씨가 눈을 번쩍 떴다.

'왜 진작 그 생각을 못 했지?'

이사비용을 주지 않고도 입주자를 내보낼 방법이 생각난 것이다.

'207호 여학생이 스스로 나오게 하면 된다.'

해결 방법은 아주 간단했다. 문이다.

"됐어. 그거야!"

갑자기 기석 씨가 큰 소리로 말하는 바람에 모두 깜짝 놀라며 기석
씨를 바라봤다. 기석 씨가 능청스럽게 술잔을 들고 건배를 외쳤다. 마
음 구석에 자리한 근심이 사라지는 것 같았다.

"뭐가 됐다는 거예요."

"207호 여학생 문제 말이오. 해결 방법을 찾았다고."

"정말요? 어떻게요?"

"문이야, 문."

"자세히 좀 얘기해봐요."

"문을 떼어내는 거야. 그건 내 재산이니 불법이 아니라고."

"문을 떼어낸다고요?"

"문을 떼면 어떻게 되겠어? 방안이 노출되겠지. 그럼 쓰레기장 같은
방이며, 악취가 고스란히 사람들에게 노출되잖아. 만약 당신 같으면 어
쩌겠어? 그때도 나한테 너무하다고 말할까?"

"그걸 보면 또 다르겠죠. 문이 없으면 여학생도 불안할 거고……."

"그래, 바로 그거라고. 문을 떼어내면 어질러 놓은 방과 악취가 사람들에게 피해를 주겠지. 그러면 사람들도 207호가 불편할 것이고, 비로소 207호의 문제는 남의 문제가 아니라 자신의 문제가 되는 거지."

그제야 기석 씨 아내도 고개를 끄덕였다. 기석 씨는 그동안 일을 생각하면 당장에라도 문을 떼고 싶었다. 하지만 상대가 아직 사회 경험이 없는 학생이다 보니 며칠만 더 기다리기로 했다. 만약 여학생이 태도를 바꾼다면 문을 떼는 일은 없을 것이다.

다음 날 아침 일찍 홍 팀장과 사람들은 한라산 국립공원으로 향했다. 기석 씨는 오랜만에 숙면했다. 물론 사업을 확장하며 생긴 고민도 많지만, 이번 여학생 문제를 해결하면서 배운 트리즈로 뭐든 해결할 수 있을 것만 같았다. 기석 씨가 홍 팀장에게 207호 여학생 문제를 풀었다고 말했다. 홍 팀장은 기석 씨의 말을 다 듣고 어려운 문제를 잘 풀었다고 말해주었다.

"세상에 나쁜 사람은 없다고 합니다. 호의를 베풀면 호의로, 악의를 행하면 악의로 온다고 합니다. 그런데 정말 그럴까요? 중국 속담에 '착한 사람은 악한 사람을 용서해도 악한 사람은 착한 사람을 용서하지 않는다'는 말이 있습니다. 모든 사람이 호의에 호의로 대답하는 것은 아닙니다. 악의로 대답하는 사람도 있습니다. 그것은 그들에게 모순이 없기 때문입니다. 세입자에게 호의적이었던 다른 세입자들이 문을 뗀 후에는 왜 태도가 바뀔 것이라 생각하셨나요? 그것은 남의 문제가 아니라 자신의 문제가 됐기 때문입니다."

홍 팀장의 말에 기석 씨도 고개를 끄덕였다. 어젯밤 자기가 생각한 것과 똑같다고 생각하니 기분이 좋았다.

"하나의 현상을 누구나 똑같이 보지는 않습니다. 우리는 홍콩에서 파는 바퀴벌레 튀김에 질색하지만 그들에게는 기호 식품입니다. 맞다, 틀렸다가 아니라 그럴 수도 있다고 문제를 바라보는 것이 문제 해결의 첫 단추입니다."

문제 속에 길이 있다

아침 안개가 자욱했다. 홍 팀장과 사람들은 골프장을 지나 국립공원 안으로 들어갔다. 깨끗한 숲의 공기를 맘껏 들이마셨다. 지난밤 트리즈로 문제의 실마리를 푼 은영 씨도 한결 가벼운 마음으로 숲을 활보했다.

"어쩜, 이렇게 멋진 소나무가 있을까."

"사람들의 발길이 드물어서 그런지 정말 깨끗하네요."

"이런 곳에서 살면 얼마나 좋을까?"

곧게 뻗은 편백과 참나무, 밑동이 굵은 소나무를 바라보며 사람들이 말했다. 숲으로 조금 더 깊이 들어가자 이른 아침부터 공사가 한창이었다.

"지금 우리가 걸어온 곳은 국립공원입니다. 하지만 여기서부터 공사를 하는 곳은 국립공원이 아닙니다. 말하자면 국립공원과 국립공원이 아닌 토지가 반반씩 섞여 있는 곳입니다. 여기에 건물을 지으려고 한답니다."

"국립공원에 건축 허가가 난다고요?"

"바로 그게 문제입니다. 국립공원은 건축, 개발 행위가 엄격하게 제한돼 있으므로 임업이나 농업밖에 할 수 없습니다. 저를 아는 분이 경매에 관심이 많아서 저도 이곳을 알게 됐습니다."

"문제를 해결하셨나요?"

"글쎄요, 보시다시피 이곳엔 건물을 지을 수 없습니다. 그래서인지 경매에 내놓아도 몇 번이나 유찰됐습니다. 이곳이 사람들에게 인기가 없는 이유는 무엇일까요?"

홍 팀장의 말에 사람들은 주위를 둘러보며 문제를 찾았다. 가장 먼저 국립공원이라는 게 마음에 걸렸다. 또한 나무들이 많아서 건물을 지으려면 베어야 했다. 이 땅을 산다고 해도 환금을 보장할 수 없었다. 전기도 안 들어오고 골프장이 바로 옆에 있다는 것도 마음에 걸렸다. 여기저기 무리 지어 웅성거리던 사람들 속에서 김 차장이 손을 번쩍 들었다.

"제가 문제를 정리해보겠습니다."

김 차장이 수첩에 적은 글을 읽기 시작했다.

번호	문제점
1	국립공원이라 건축이 어렵다
2	숲이 우거져 그늘이 짙다
3	소나무가 많아 다른 나무가 자라지 못한다
4	쉽게 팔리지 않아 환금성이 나쁘다
5	전기와 상하수도가 너무 멀다
6	골프장이 오래되어 추가 개발의 여지가 적다
7	땅의 규모가 너무 크다

"이상입니다. 만약 저라면 이 땅을 사지 않을 것 같습니다."

"저도 마찬가지입니다. 아무리 좋은 공기와 멋있는 풍경이 있다고 해도 펜션이나 별장 같이 쉴 수 있는 건물을 못 지으면 있으나 마나 한 땅이죠. 가치가 떨어질 수밖에 없습니다."

홍 팀장은 고개를 끄덕이며 미소를 지었다.

"맞습니다. 그래서 몇 번이나 유찰된 겁니다. 여러분은 이제 문제를 발견하는 데 익숙해졌습니다. 그렇다면 그다음 단계로 넘어가야겠죠?"

"다음 단계요?"

"그렇습니다. 문제를 의심하는 겁니다. 저 또한 여러분과 똑같이 생각했습니다. 그런데 트리즈는 문제를 발견하는 데 그치지 않습니다. 문제 속에 있는 길을 찾아서, 문제를 기회로 만드는 것이 바로 트리즈입니다. 이제부터 제가 왜 이 땅을 선택했는지 말씀드리겠습니다."

모두 홍 팀장의 말에 귀를 기울였다.

상대방의 문제로 나의 문제를 해결하다

"첫째, 국립공원이라 누구나 건축이 어렵다고 생각합니다. 하지만 왜 어렵다고 생각할까요? 펜션이나 별장 같은 주거 공간을 지으려고 하기 때문입니다. 그러나 임산물 창고 같은 것은 합법적으로 지을 수 있습니다.

둘째, 숲이 우거져 그늘이 짙습니다. 그늘이 짙은 것이 왜 문제일까요? 볕이 들지 않으면 생활에 지장이 있고 춥기 때문입니다. 하지만 여름에는 그 볕을 피해 사람들이 계곡이나 산으로 놀러 갑니다. 또한 표고버섯이나 인삼은 그늘에서 잘 자랍니다.

셋째, 소나무가 많아 다른 나무가 자라지 못합니다. 인터넷으로 검색을 해보았더니 의외의 정보가 나왔습니다. 소나무는 표고(바다의 어떤 지점에서 수직으로 잰 지대의 높이) 1300미터 이하에서 자생하는 상록 침엽 교목입니다. 성장이 빠르고 척박한 땅에서도 잘 견디지요. 또한 산성 토양에 적합하고 햇빛을 좋아하는 양수입니다. 그래서 소나무 아래에는 잡풀이나 다른 나무들이 잘 자라지 못합니다. 하지만 소나무랑 궁합이 잘 맞는 철쭉, 개옻나무와 같은 것들도 있습니다. 저는 소나무 아래에서 다른 나무가 자라지 못한다는 것은 알고 있었지만 궁합이 맞는 나무가 있다는 것은 몰랐습니다. 그래서 소나무와 궁합이 맞는 다른 것들이 더 있을 것이라고 생각했습니다. 또한 솔잎의 영양 성분에 관한 새로운 정보도 얻을 수 있었습니다.

넷째, 쉽게 팔리지 않아 환금성이 나쁩니다. 그러나 쉽게 팔리지 않기 때문에 오히려 땅을 더 오랫동안 가지고 있을 수 있습니다. 따라서 문제를 해결할 수 있는 여유와 깊이 있게 생각할 수 있는 시간이 확보되는 것이지요.

다섯째 전기, 상하수도가 너무 멀리 있습니다. 전기나 상하수도 시설에서 너무 멀리 떨어져 있으므로 많은 설치비용이 들어갑니다. 하지만 그것은 인근 골프장을 활용하면 해결할 수 있습니다. 물론 골프장에서 쉽게 허락하지 않았습니다. 저는 며칠을 고민한 끝에 해결의 실마리를 찾았습니다. 바로 상대방의 문제를 발견해서 일부러 문제를 일으키는 겁니다."

"문제를 푸는 게 아니라 일으킨다고요?"

"네, 상대가 갖고 있는 문제를 찾아서 서로의 문제를 맞바꾸는 겁니다. 때로는 상대방의 문제가 나의 문제를 해결해줄 수도 있습니다. 저는 골프장의 문제를 찾기 시작했습니다. 지적도地籍圖를 보면서 골프장이 땅을 침범하고 있다는 사실을 알았습니다. 저는 그것으로 문제를 일으켰습니다. 상대에게 정중하게 문제를 말했습니다. 그제야 상대도 자기에게 문제가 있다는 것을 알게 된 것이죠. 하지만 이미 돌이킬 수 없었습니다. 그래서 저는 제 땅을 사용하고 있으니 전기와 상하수도 시설을 제공해줄 수 없겠냐고 물었습니다. 상대방도 그것을 받아들였습니다. 그렇게 전기와 상하수도 문제를 해결할 수 있었습니다.

여섯째, 골프장이 오래되어 추가 개발의 여지가 적습니다. 추가 개발의 여지가 적다는 것은 사람의 손길이 그만큼 닿지 않는다는 겁니다. 하지만 이것은 개발을 원할 때만 문제가 됩니다.

일곱째, 가치가 떨어졌다고 해도 땅의 규모가 커서 땅값이 비쌉니다. 하지만 걱정할 것 없습니다. 친구들이나 지인들과 함께 땅을 사면 됩니다. 이때 중요한 것은 단기간에 욕심을 내는 사람도 있을지 모르니 계약을 할 때 일정 기간 동안은 개인적으로 사용할 수 없게끔 해야 합니다.

이렇게 문제를 분석하고 나니, 기회가 보이기 시작했습니다."

모순의 관점

모두 홍 팀장이 이번 문제를 어떻게 해결했는지 궁금했다. 홍 팀장은 쓰러져 있는 나무를 가리키며 말했다.

"저게 무슨 나무이지요?"

"참나무입니다."

"맞습니다. 어디서 본 적 없으세요?"

"아, 사려니숲, 사려니숲에서 봤습니다."

"네, 저는 어떻게 나무를 활용하면 좋을까 생각했습니다. 그러다가 표고버섯에 주목했습니다. 원래 표고버섯은 제주도 특산물이었지요. 한때 전국 표고버섯의 80퍼센트를 제주에서 공급했다고 합니다. 하지만 지금은 네 개 농가만 남아서 표고 시장 점유율도 많이 하락했습니다. 반대로 생각하면 그만큼 표고버섯 시장 점유율을 높일 기회가 왔다는 겁니다. 참나무 자원을 활용해 또 다른 사업을 시작하는 겁니다."

"홍 팀장님은 언제나 문제를 긍정적으로 보는 것 같습니다."

"부정적인 태도는 문제를 회피하거나 은폐하려고 합니다. 자연히 문제를 바라보는 시야가 좁아지죠. 하지만 긍정적인 태도를 지니면 문제를 더욱 넓고 다양하게 바라볼 수 있습니다."

홍 팀장의 말에 옆에 있던 김 차장이 손뼉을 치며 말했다.

"제주도 표고버섯이 왜 몰락했는가를 분석하면 성공의 길도 보이겠군요. 문제에 길이 있으니 말이죠."

"좋은 생각입니다. 그동안 저는 소나무 아래에서는 다른 나무들이 자라지 못한다고 알고 있었습니다. 그런데 궁합이 맞는 나무가 있었습니다. 바로 산양삼^{山養蔘}입니다."

"산양삼이요?"

"산양삼은 산양산삼^{山養山蔘}을 줄인 말로 산에서 기른 삼입니다. 야생의 삼 씨앗이나 원종에 가까운 인삼 씨앗 묘를 수풀 사이에 재배하는 삼을 말합니다. 산림청 자료를 보니 최대 100여 년까지도 생존한다고 합니다. 또한 최근 산양삼은 소득 작목으로 인식되어 재배 면적이 증가하고 있고 전문가들은 향후 3천억 원대의 시장으로 성장할 거라고 예상합니다."

"와, 말만 들어도 멋진 계획입니다."

"동양 철학에는 상극^{相剋}과 상보^{相補}라는 개념이 있습니다. 아무리 강해도 천적은 존재한다는 겁니다. 이것이 모순의 관점입니다."

생각은 말의 지배를 받는다

좁은 비포장도로를 따라 언덕을 지나자 드넓은 벌판이 나타났다. 이제 막 땅으로 올라온 풀들이 푸른빛을 띠고 있었다. 수목이 울창한 숲과는 다른 분위기였다. 시야가 훤히 트여 모든 풍경이 한눈에 들어왔다. 마음속까지 확 트이는 풍경이었다.

사람들이 차에서 내렸다. 누가 먼저랄 것도 없이 벌판 사이로 난 오솔길을 따라 천천히 걸었다.

"이게 다 뭐야?"

"무슨 풀이 이렇게 많아."

사람들이 신기한 듯 벌판을 왔다 갔다 했다. 기석 씨 아내는 아예 쪼그리고 앉아서 풀을 이리저리 살폈다.

"아, 이거 본 적 있어요. 메밀이에요, 메밀."

기석 씨 아내가 벌떡 일어서며 말했다.

"이게 메밀이라고?"

"정말 메밀이네, 제주에서도 메밀이 자라나?"

"그럼요. 메밀 하면 제주죠. 사실 강원도 봉평에 비해 인지도가 떨어져서 그렇지 메밀 생산량은 제주도가 전국 1위입니다."

"정말요? 그런데 왜 난 몰랐을까?"

"제주에서도 이제야 메밀의 진가를 알고 부랴부랴 메밀 산업을 지원하고 있습니다. 이 메밀밭도 사연이 있습니다."

홍 팀장의 중학교 동창 중에 경철이라는 친구가 있었다. 어느 날 홍 팀장을 찾아온 경철은 갑자기 농사를 그만두어야겠다고 말했다. 경철은 지난 십여 년간 당근, 양배추, 무 등의 농산물을 재배했다. 하지만 경쟁이 심해 이익이 크지 않자, 양파, 땅콩, 대파, 배추, 오이, 상추, 딸기, 옥수수, 고추, 들깨 등 여러 가지를 재배했다. 그러다가 지난 몇 년간은 메밀을 재배하며 밭을 놀리지 않고 효율적으로 관리했다. 하지만 어느 것도 수월하지 않았다. 다른 사람들도 경철의 방식을 따라 해서 자연히 시장에 물량이 많아졌다. 그러자 당연히 가격도 떨어졌다.

"메밀 40킬로그램에 17만 원밖에 받을 수 없어. 그것도 올해 오른 거야. 지난 몇 년간은 16만 원이었어."

결국 비용의 문제였다. 가격만 적절히 받을 수 있다면 문제는 해결된다. 그러나 고객은 비싼 가격을 주고 메밀을 사지 않을 것이다. 경철과 헤어지고 나서 집으로 돌아온 홍 팀장은 책상 앞에 앉았다. 그러나 모순도가 그려지지 않았다.

홍 팀장은 천천히 경철의 말을 다시 생각했다. 그리고 모순도가 그려지지 않는 이유를 찾았다. 가격을 더 받아야 한다는 목적은 있지만 그 수단이 보이지 않았던 것이다. 홍 팀장은 김익철 선생과 주고받았던 메일을 다시 들여다봤다.

맥스봉은 스마트폰 터치가 가능하다는 점을 내세워 매출을 늘렸다고 한다. 홍 팀장은 김익철 선생의 말을 떠올리며 차근차근 다시 생각했다.

'메밀은 곡식이다. 곡식은 음식이다.'

이것이 우리가 일반적으로 생각하는 방식이다. 그러나 일반적인 생각으로는 답이 떠오르지 않았다. 홍 팀장은 '맥스봉, 맥스봉' 하며 주문을 외웠다.

"홍 팀장님, 생각은 말의 지배를 받습니다. 물건을 판다고 생각하지 마시고 가치를 판다고 생각해보세요. 명품 가방이 비싼 이유가 뭘까요? 거기에는 '지위'가 있기 때문입니다. 만약에 부자가 지금처럼 선망의 대상이 아니라 멸시의 대상이라면 명품 가방이 비싸게 팔릴까요?"

김익철 선생은 언제나 물건의 가치를 생각하라고 말했다. 메밀은 곡식이고 음식이지만 그것이 메밀의 전부는 아니다. 메밀이 가진 가치가 무엇일까?

'메밀을 곡식으로만 판다는 생각은 버리자. 메밀이 가진 가치에 대해 생각하자.'

비즈니스란 가치를 파는 것이다

홍 팀장은 김익철 선생의 메일에서 사진 한 장을 발견했다.

300년을 산 올리브 나무 사진이었다. 김익철 선생이 올리브 나무를 보여주며 가격이 얼마일 것 같냐고 물었었다. 그때 홍 팀장은 비싸 봤자 몇 백만 원 정도 아니겠냐고 했지만, 올리브 나무의 가격은 수억 원에 달할 거라고 했다.

"정말이요?"

"그래요. 이 나무는 미국과 유럽 간에 국제 분쟁까지 야기했던 나무입니다. 1980년대 후반에 벤처붐이 일어나 미국에 신흥 부자가 많이 생겼습니다. 그 사람들은 돈을 벌어 넓고 큰 집을 지었지만 마음 한편에 걸리는 것이 있었습니다.

"그게 뭔가요?"

"자신이 신흥 부자라는 사실입니다. 부자 중에는 몇 대에 걸친 부자도 있지 않습니까?"

"그렇겠죠."

"그래서 전통성이 필요했고, 그 수단으로 생각한 것이 오래된 나무를 자신의 정원에 심는 것이었습니다. 그래서 유럽에서 오래된 올리브나무를 수입했죠. 나중에는 더 팔 나무가 없어진 유럽의 장사꾼들이 남의 것까지 훔쳐 팔았다고 합니다."

홍 팀장은 맥스봉과 올리브 나무의 사례를 곰곰이 되새겼다.

'그래, 역시 가치를 파는 거야.'

지금보다 메밀 가격을 더 받고 팔 수 없다는 것은 반대로 말하면 사람들이 우리 메밀을 비싸게 살 이유가 없다는 것이다. 그러나 같은 메밀이라도 가치에 따라 가격이 다를 수 있다. 후지산 정상에서는 컵라면 하나가 600엔이다. 그러나 동경에서 사면 120엔이다. 마찬가지로 설악산 대청봉에서는 소주 한 병에 6천 원이지만 속초 마트에서는 천 원 안팎이다.

홍 팀장은 가치를 고민하며 인터넷으로 메밀을 검색했다. 강원도 봉평과 전북 고창에서 메밀 축제가 열리고 있었다. 밀짚 공예, 우리 메밀 새싹 화분 만들기 등 다양한 전시 행사와 참여 행사로 많은 사람의 사랑을 받고 있었다.

메밀이 곡식으로만 팔릴 때는 17만 원의 가치뿐이지만 메밀의 가치를 다양하게 알릴 수만 있다면 그보다 더 많은 이익을 낼 수 있을 것이다. 그때부터 홍 팀장은 메밀의 가치에 대해 생각하기 시작했다.

"그래서 그 친구와 함께 제주가 메밀 생산량 전국 1위라는 점을 앞세워 메밀 축제를 한판 벌이려고 합니다."

홍 팀장의 말에 모두 놀라는 눈치였다.

"메밀 축제요?"

"네, 메밀 축제요. 새싹들이 무럭무럭 자라서 꽃을 피울 때쯤이면 아주 신명 나는 축제가 벌어질 겁니다. 축제뿐만이 아닙니다. 땀 흘려 농사짓는 농민들과 바른 먹거리를 원하는 소비자와의 만남을 주선해 유통구조를 투명하게 만들고 나아가 제주도 농업 정책에 새로운 대안을 제시할 겁니다."

"와, 홍 팀장님 포부가 굉장한데요."

"멋있다, 홍 팀장님."

사람들의 칭찬에 홍 팀장도 미소를 지었다.

생각의 지름길 찾기

　달리는 차의 창문을 열자 바닷바람이 훅 불어왔다. 홍 팀장은 넓고 푸른 바다를 바라보며 콧노래를 불렀다. 물결에 일렁이는 햇살이 마치 고기 떼처럼 차를 따라왔다. 해수욕장을 지나 캠핑장에 차를 세웠다.

　"어디서 고기 냄새 안 나요?"

　사람들이 냄새를 맡으며 캠핑장을 둘러봤다. 캠핑장 한쪽에 간이 식탁과 의자가 놓여 있었다. 미리 와서 기다리고 있던 성훈이 홍 팀장과 사람들을 반갑게 맞이했다.

　석쇠 위에서 노릇노릇하게 익어가는 갈비를 보며 사람들은 입맛을 다셨다. 석쇠 사이로 육즙이 뚝뚝 떨어지면 지글지글 소리와 함께 연기가 솟았다. 식당에서 봤던 싱싱한 해산물과 채소, 과일 등이 식탁에 푸짐했다. 따뜻한 햇볕 아래 야외에서 먹는 점심은 그야말로 여행에서나 맛볼 수 있는 진미였다.

"마지막까지 사랑스러운 트리즈 여행입니다."

"맞아요, 저는 꼭 다음에 또 오겠습니다."

"네, 맛있게 드세요."

먹음직스럽게 익은 갈비는 식탁에 나오자마자 사라지기 바빴다. 그때마다 성훈은 사람들이 기다리지 않게 바로 갈비를 가져다주었다.

"역시 고기는 밖에서 뜯어야 제맛이지."

기석 씨가 손바닥만 한 갈비를 들고 웃으며 말했다.

"강의실에서 하는 딱딱한 공부가 아니라 먹고 즐기고 느끼는 트리즈 여행입니다. 문제를 해결한 사례를 직접 보고 생각하면서 저절로 트리즈를 몸에 배게 하는 거죠. 스스로 문제를 발굴하고 해결할 수 있도록 방법과 원리를 몸소 익히는 겁니다. 아름다운 제주 풍경과 숨겨진 맛집은 덤입니다."

점심을 먹은 사람들이 바닷가를 거닐며 자유 시간을 가졌다. 저마다 자유를 즐기며 남은 시간을 기념하려는 듯 부지런히 움직였다. 홍 팀장도 하얗게 부서지는 파도를 바라보며 여유를 즐겼다. 김 차장과 강 대리가 멀리서 홍 팀장을 불렀지만 홍 팀장은 손만 흔들었다.

"모두 즐거운 시간 보내셨나요?"

"네, 오랜만에 정말 편안한 시간 보냈습니다."

기석 씨가 환하게 웃으며 말했다. 옆에 있던 사람들 모두 기석 씨의 말에 미소를 지었다.

"트리즈 여행이 어려우면 어떡하나 고민을 많이 했습니다. 무엇보다 우리 생활에서 발생하는 문제를 트리즈로 쉽게 해결할 수 있다는 것을 알려드리고 직접 그 현장을 보여드리고 싶었습니다. 어떠셨는지 궁금합니다. 참, 그 전에 숙제부터 해결해야죠."

"아, 잊고 계신 줄 알았는데……."

조별로 앉은 사람들이 지난밤에 정리한 자료를 준비했다.

"누가 먼저 하시겠어요?"

"저희 조부터 하겠습니다. 매도 먼저 맞는 게 낫잖아요."

1조 조장이 일어섰다.

"폭설 문제를 해결할 방법은 제설함을 설치하는 겁니다. 도로 곳곳에 제설함을 설치해 폭설 때마다 운전자들이 자발적으로 문제를 해결하게 만드는 방법입니다."

"운전자들이 자발적으로요?"

"네, 눈이 내리면 내 집 앞을 빗자루로 쓰는 것처럼 도로변에 제설함을 많이 설치해서 운전자들이 사용할 수 있게 하는 겁니다."

"언제 내릴지 모르는 폭설에 대비하는 것으로는 좋은 방법인데, 과연 운전자들이 자발적으로 나설지가 또 다른 문제군요. 다음 조는 어떤가요?"

기석 씨가 손을 번쩍 들었다. 옆에 있던 기석 씨 아내와 은영 씨도 고개를 끄덕였다. 기석 씨는 수첩을 꺼내며 목청을 가다듬었다.

"저희도 제설함을 생각하긴 했는데 제대로 사용하지 못하면 쓸모가 없을 것 같더라고요. 그래서 다음으로 생각한 게 지하 도로입니다."

"지하 도로요?"

"네, 폭설로 자주 문제가 생기는 도로 구간만 지하 도로로 만드는 겁니다. 그 외에는 앞에서 발표한 것처럼 제설함을 설치하고 제설함에 여분의 스노우체인 등 월동 장비를 두는 겁니다. 필요한 사람이 쓸 수 있게 하는 것이죠."

기석 씨의 발표가 끝나고 다른 조원들의 발표도 이어졌다. 기상 관측 시스템을 업그레이드시켜 폭설이 예상될 시에는 제설 차량을 항시 대기시킨다는 의견, 한라산 제1횡단도로보다 폭설이 덜 쏟아지는 우회 도로를 만들어서 문제를 해결할 수 있다는 의견 등이 나왔다.

"참 다양한 의견이 나왔습니다. 해결 방법을 고민했을 지난밤 여러분의 모습이 눈에 선합니다. 여러분은 이미 스스로 문제를 발굴하고 창의적으로 문제를 해결하는 트리즈의 세계에 들어왔습니다. 지금 발표하신 모든 것이 폭설로 인한 도로 문제를 해결하는 좋은 방법들일 겁니다. 다만 조금 더 문제를 새롭게 봐주세요. 여러 사례와 여러분이 가지고 있는 지식을 재결합한다면 훨씬 좋은 문제 해결 방법이 나올 겁니다."

"어떤 방법이 있을까요?"

은영 씨의 말에 모두 숨을 죽이고 홍 팀장을 바라봤다.

"그건……. 다음에 알려드리겠습니다."

"에이, 너무해요."

"뭐가 있을까? 궁금해요."

홍 팀장은 궁금해하는 사람들을 바라보며 미소를 지었다.

"아무리 참신한 아이디어라고 해도 문제 해결에 도움이 되지 않거나 모순을 해결할 수 없다면 좋은 아이디어라고 할 수 없습니다. 또한 실행이 어렵거나 실행을 위해 막대한 자원이 동원된다면 새로운 모순이 야기될 수도 있습니다. 이것을 참고해서 여러분의 의견을 다시 한번 생각한다면 더 좋은 해결 방법이 나타날 겁니다."

자, 손톱을 보세요

홍 팀장이 의자에서 일어섰다. 그리고 사람들에게 팔을 앞으로 쭉 뻗어보라고 말했다. 홍 팀장은 주위를 둘러보며 모두 팔을 앞으로 뻗었는지 확인했다. 사람들은 나란히 팔을 쭉 뻗었다.

"손을 보세요. 손톱이 보이시나요?"

"네, 보여요."

"잘 보이는데요."

"그럼 손을 뒤집어 손바닥이 하늘을 보게 하세요."

홍 팀장이 손바닥을 뒤집었다. 사람들이 재미있다는 듯 웃으며 따라 했다.

"자, 다시 한번 손톱을 보세요."

"네?"

"손톱을 보라고요?"

사람들이 술렁이기 시작했다. 팔을 오므려 손톱을 보려는 사람, 얼굴을 손톱 가까이 가져가려는 사람 등 다양한 방법으로 자신의 손톱을 보려고 애썼다. 그 모습에 사람들이 웃었다.

"그 짧은 시간에 정말 가지가지의 몸짓을 봤죠?"

"팔에 쥐가 나려고 해요."

"어떻게 하면 조금 더 쉽게 손톱을 볼 수 있을까요? 이렇게 손바닥을 다시 뒤집으면 어때요?"

"아……."

그제야 사람들이 고개를 끄덕였다. 그리고 홍 팀장을 따라 손바닥을 뒤집었다.

"문제에서 답을 찾으려고만 하는 것은 수직적인 사고방식입니다. 수직이 아닌 수평적 사고로 문제를 생각할 때 좋은 해결 방법이 떠오릅니다."

"그걸 또 잊고 있었네. 아직 한참 더 배워야겠어요."

"하지만 잘 할 수 있을 것 같아요. 홍 팀장님 덕분에 끝까지 잘 배우고 갑니다."

홍 팀장은 짧은 여행이었지만 사람들에게 트리즈를 알리게 되어 무척 기뻤다. 또한 트리즈를 강의가 아닌 여행을 통해 사람들에게 알리는 것이 좋겠다고 말해준 지혜에게도 고마움을 느꼈다.

"여행을 통해서 이렇게 멋진 걸 배울 수 있다니 정말 최고였어요."

"배운 게 아니라 놀았다는 표현이 더 맞을 것 같아요. 맛있는 거 먹고, 좋은 곳도 다니고."

"믿으실지 모르겠지만 저는 이제 손님이 없는 식당이나 사람들이 외면하는 물건들을 보면 제일 먼저 모순도를 떠올립니다. 저도 모르게 생각의 가지를 치면서 문제를 분석하고 있어요. 이러다 정말 문제 해결의 천재가 될 것 같아요."

기석 씨의 말에 모두 한바탕 크게 웃었다.

"저도 그래요. 무슨 일이 생겼다 하면 의심부터 한다니까요."

"그렇습니다. 항상 문제를 의심해야 합니다. 스스로 사고를 가두고 고정관념에 빠지면 그것을 벗어나서 새로운 생각을 하기 힘듭니다. 새로운 생각은 어쩌면 손을 뒤집는 일처럼 아주 쉬운 일일지도 모릅니다."

홍 팀장은 잠시 생각에 잠겼다. 그리고 천천히 사람들을 둘러보며 말했다.

"세상은 계속 변하고 있습니다. 농경 사회에서 산업 사회로, 정보화 사회를 거쳐 이제 지식 기반 사회가 올 것이라고 사람들은 말합니다. 쉽게 말해서 이제는 지혜를 가진 사람만이 행복하게 잘 살 수 있는 세상이 된 겁니다."

"지혜를 갖는 사람만이 행복하다? 뭔가 의미심장하군요. 팀장님 여자 친구 이름이 지혜 아니었나요?"

김 차장의 말에 모두 한바탕 크게 웃었다. 웃고 있는 김 차장을 강 대리가 팔꿈치로 툭 쳤지만 그래도 김 차장은 눈물이 날 정도로 웃고 있었다.

"흠흠, 인생이 좋은 길로만 간다면 아무 문제없습니다. 하지만 때로는 나쁜 길로 빠질 수도 있어요. 과거를 원망하거나 남을 탓하는 사람이 있고 문제를 받아들이고 반성하는 사람이 있습니다. 문제를 받아들이고 적극적으로 해결하는 사람이 지혜로운 사람입니다. 그 사람만이 인생의 또 다른 갈림길에서 좋은 길을 선택할 수 있습니다."

"문제는 스스로 해결해야 한다는 말씀이시죠?"

"그렇습니다. 목적지까지 헤매지 않고 갈 수 있는 가장 쉽고 빠른 길, 그 길이 바로 생각의 지름길입니다. 생각의 지름길을 따라가다 보면 남이 풀지 못한 문제도 창의적으로 해결할 수 있습니다. 이번 여행이 여러분을 생각의 지름길로 안내하는 이정표가 되기를 바랍니다."

홍 팀장의 말이 끝나자마자 여기저기서 환호와 함께 박수 소리가 터져 나왔다. 홍 팀장은 비록 짧은 시간이었지만 함께 여행하고 생각한 시간들이 주마등처럼 스쳐 갔다. 기석 씨와 은영 씨도 사람들과 함께 고민을 나누며 지냈던 시간이 소중하게 다가왔다.

사람들이 비행기 시간에 맞춰 모두 공항으로 출발했다. 기석 씨와 기석 씨의 아내, 은영 씨도 홍 팀장과 마지막으로 인사를 나누었다.

"다음 여행 때 꼭 다시 오겠습니다."

"네, 저도 여러분께 더 유익하고 풍부한 여행을 준비하겠습니다."

홍 팀장은 멀리 차가 보이지 않을 때까지 손을 흔들었다. 김 차장과 강 대리도 손을 흔들며 아쉬움을 달랬다.

문제를 해결하는 것은
행복해지기 위한 것이다

"팀장님, 이것 좀 보세요."

김 차장이 홍 팀장에게 온 메일을 보여주었다.

✉ ······ 트리즈 여행에서 참 많은 것을 배웠습니다.
맛있는 것도 먹고 아름다운 자연도 보고, 그렇게 시간을 보냈는데
정말 거짓말처럼 문제 해결 방법이 떠올랐습니다. 정말입니다. 문
제를 해결하자마자 바로 기회가 오더군요. 문제가 있으면 기회도
있다. 트리즈가 아니었으면 꿈도 못 꿨을 겁니다. 고맙습니다.

홍 팀장은 메일을 보면서 많은 고민과 문제로 고통받는 사람들을

위해 더 노력해야겠다고 생각했다. 그저 말로 끝나는 것이 아니라 우리 주변에서 흔히 볼 수 있는 사례와 현실적인 문제 해결 방법으로 실생활에 바로 적용할 수 있는 트리즈를 만들고자 다짐했다.

트리즈 여행 1기가 끝나자 트리즈 여행에 관한 문의가 쇄도했다. 그들을 위해 홍 팀장과 김 차장 그리고 강 대리는 트리즈 여행 2기를 준비하고 있다. 밤을 새울 때도 있지만 밀려드는 문의 전화에 피곤한 줄도 몰랐다.

셋은 화창한 오후의 거리를 천천히 걸으며 대화를 나눴다.

"이렇게 걷는 게 얼마 만인가요?"

"그러게, 이제 여행 준비도 끝났으니 슬슬 여유를 즐겨볼까?"

김 차장이 기지개를 켰다.

"팀장님, 질문이 있는데요"

"뭔가?"

"왜 트리즈인가요? 팀장님이 말씀하셨듯이 이미 트리즈는 사양길로 접어들었는데 말입니다."

홍 팀장은 김익철 선생의 말을 다시 떠올렸다.

'홍 팀장님이 일상생활의 문제를 트리즈로 해결해나가는 모습을 보면서 트리즈가 실생활에 많은 도움이 된다는 것을 저도 새삼 다시 확인하고 있습니다.'

"여기 있는 사람들에게 트리즈를 아냐고 물으면 어떨까? 과연 아는 사람들이 있을까? 바로 그게 트리즈의 문제라고 생각해. 문제를 해결하는 가장 뛰어난 방법을 정작 문제가 있는 사람들이 모른다는 거지. 트리즈가 우리 생활보다 대기업들의 기술적인 문제 해결에 초점을 맞춘 결과야. 하지만 나는 이제껏 그래왔듯이 사람들이 저마다 가지고 있는 다양한 문제를 트리즈로 풀 수 있다고 믿고 있어. 그 누구도 할 수 없었던 것을 트리즈가 해낼 거야. 많은 문제를 안고 삶을 살아내고 있는 사람들이 스스로 문제를 해결할 수 있도록 도와주고 싶어. 모두가 문제 해결의 천재가 되는 거지."

"와, 역시 홍 팀장님이야. 멋져요!"

강 대리가 홍 팀장을 향해 엄지를 치켜세웠다.

문제 해결 천재가 된 홍 팀장

옆에 있던 김 차장이 질투하는 듯 홍 팀장에게 말했다.

"은영 씨한테 전화가 왔었어요. 고맙다고 꼭 전해달라고 했습니다."

"뭐가 고맙다는 거지?"

"사랑과 평화를 주어서 고맙다고 하던데요. 우리 몰래 은영 씨한테 뭘 주신 겁니까? 여자 친구분이 아니면 어쩌려고."

"무슨 이야기를 하는 건지 도통 모르겠네."

"팀장님, 은영 씨한테만 그런 거 주실 거예요? 저한테도 어서 주세요. 예? 빨리 주세요."

강 대리와 김 차장이 홍 팀장에게 매달렸다. 홍 팀장은 어쩔 줄 몰라 얼굴이 빨개졌다.

"나는 단지 문제 해결의 힌트를 준 것뿐이야. 은영 씨 부모님이 주유소를 한다고 했잖아. 그래서 내가 알고 있는 주유소를 알려주면서 한번 가보라고 했어."

"아, 맞아요. 은영 씨 부모님이 하시는 주유소가 잘 안 된다고 했어요."

"그래, 그래서 내가 아는 주유소를 알려준 거야. 다른 주유소들은 서로 눈치 보며 가격을 내리기 바쁜데 그 주유소는 가격을 그대로 받는 대신 사은품을 더 많이 주거든. 타깃을 법인 차량을 모는 기사로 잡고 적극적으로 마케팅을 한 거지. 생각해봐, 법인 차량 주유비는 회사에서 낸다고. 그런데 사은품은 기사가 갖는 거지. 기사들이 좋아할 만한 사은품으로 준비한 것도 좋은 전략이었어. 그 주유소를 보고 은영 씨가 답을 찾았나 보군."

"팀장님, 저는 이제야 알았습니다."

"뭘?"

"팀장님은 참 아시는 것도 많다는 걸요."

"다른 사람의 문제를 해결하려면 나부터 공부를 해야 하지 않겠나. 더 많이 알아야 하고, 더 많이 이해해야 문제를 깊이 들여다볼 수 있지."

"대단하십니다. 주변 사람들의 문제를 자기 일처럼 생각하고 공감하는 마음, 홍 팀장님이 아니면 누가 하겠습니까? 홍 팀장님은 이제 신용보증재단의 전설에서 문제 해결의 전설로 남을 겁니다."

"쓸데없는 소리 말고, 사람들을 실망시키지 않기 위해 앞으로 더 성실하게 다음 여행을 준비해야겠어."

"그럼요. 이미 강 대리하고 저하고 창조적으로 준비하고 있습니다."

"나 몰래 창조적으로 만나는 것은 아니고?"

김 차장의 얼굴이 순간 빨개졌다. 홍 팀장은 김 차장에게 조용히 말했다.

"내가 비밀로 할 테니, 오늘 저녁 삼겹살 어떤가?"

"제가 모시겠습니다, 팀장님."

시간이 갈수록 홍 팀장을 찾는 사람들은 더 많아졌다. 문제를 해결해달라는 사람부터 트리즈를 알려달라는 사람까지, 쉴 새 없이 홍 팀장을 찾아왔다. 홍 팀장은 문제를 해결해주거나 문제 해결 방법을 스스로 찾게 하면서 사례와 결과를 정리했다. 회사에서는 김 차장과 강 대리가, 퇴근 후에는 지혜가 도와주었다. 그들이 아니었다면 엄두도 못 낼 일이었다.

홍 팀장은 트리즈를 공부하고 싶다는 사람들에게는 자신이 직접 만든 문제 해결 사례를 보여주면서 차근차근 알려주었다. 처음 트리즈를 배운 사람들이 자신의 문제를 트리즈로 해결하고, 나아가 다른 사람의 문제까지 해결해주는 일이 많아지자 홍 팀장을 믿고 따르는 사람들이 늘어나기 시작했다.

홍 팀장은 그런 사람들과 함께 자신이 꿈꾸었던 일을 진행했다. 바로 '제1회 보롬왓 제주 메밀 축제'였다. 행정이나 외부의 큰 지원 없이 오롯이 뜻이 통하는 사람들과 농사짓는 사람들이 함께 이루어낸 값진 결과였다.

홍 팀장은 흐드러진 메밀꽃이 가장 잘 어울리는 곳은 제주라고 생각했다. 제주의 아름다운 풍경과 함께 장관을 이루는 메밀꽃이야말로 제주의 또 다른 자랑이 될 것이다. 제주 메밀 축제는 땀 흘려 농사짓는 농민들과 바른 먹거리를 원하는 소비자와의 만남은 물론, 제주의 옛것을 다시 되살리고 다양한 문화까지 체험할 수 있는 진정한 축제가 될 것이다.

이 모든 것을 가능하게 만든 것이 바로 트리즈다. 나폴레옹이 가진 비장의 무기가 희망이었다면, 홍 팀장이 가진 최고의 무기는 트리즈다. 홍 팀장은 더 많은 사람이 자신의 문제를 해결하는 데 트리즈를 활용할 수 있기를 바랐다. 우리 주변에서 일어날 수 있는 다양한 사례와 문제 해결 방법을 참고하면 그것을 뛰어넘는 새로운 아이디어를 낼 수 있다고 확신했다.

김익철 선생의 답장

홍 팀장은 그동안 있었던 일들과 문제 해결 사례들을 정리해 김익철 선생에게 메일을 보냈다. 며칠 후, 선생에게서 답장이 왔다.

✉ ······ 홍 팀장님의 메일을 보고 정말 놀랐습니다. 그동안 많은 사람에게 트리즈를 알려주었지만 홍 팀장님처럼 단번에 습득한 사람은 없었을뿐더러 트리즈를 실생활에 이렇게 완벽하게 적용한 사람도 없었습니다. 저는 홍 팀장님의 메일을 여러 번 읽으며 트리즈를 강의했던 사람으로서 벅찬 감동을 느꼈습니다. 그래서 지난 시간도 돌아볼 겸 홍 팀장님과 주고받은 메일을 다시 보면서 나름대로 정리를 해봤습니다.

홍 팀장님이 트리즈를 활용한 첫 번째 사례는 '채권 회수 문제'입니다. 아주 훌륭하게 모순을 극복하셨죠. 여기에서 핵심은 홍 팀장님이 머리로 생각한 것을 실제로 적용해 문제를 해결했다는 점입니다. 보는 것과 하는 것은 매우 다릅니다. 그래서 자신의 문제를 자신이 직접 푸는 것이 중요합니다.

'COREA COFFEE 문제'에서는 관점 오류를 배우셨습니다. 문제가 생겼을 때 항상 그 문제를 해결해야 하는 것이 아니라 다른 문제를 해결해도 된다는 것을 알게 되셨습니다.

'메밀, 고로쇠 수액 문제'에서는 문제 해결이 아니라 문제 발생이라는 수준까지 도달해야 한다는 것을 배우셨습니다. 문제가 생겼다면 그때는 이미 늦은 겁니다. 예방하지 못하면 호미로 막을 것을 가래로도 막을 수 없습니다. 그 개념을 더욱 확장하는 것이 중요합니다. 문제를 만들고 적극적으로 활용하면 그것이 기회를 가져다주니까요.

'불량 세입자 문제'와 '부부 갈등 문제'에서는 세상에 여러 종류의 사람이 있기 때문에 사람의 문제는 여러 관점에서 보아야 한다는 것을 배우셨습니다. 가족은 매우 중요합니다. 하지만 늘 화목한 가족은 존재하지 않습니다. 가장 큰 상처를 입히는 것 역시 가족입니다. 그것이 현실이죠. 우리가 사는 곳은 드라마가 아니라 현실입니다.

그동안 많은 일이 있었는데도 지치지 않고 잘 헤쳐나가셨습니다. 문제 해결 방법 또한 억지나 우연이 아닌, 모두 홍 팀장님 노력의 산물이었습니다.

정말 조심스럽게 말씀드리고 싶은 것이 있습니다. 홍 팀장님의 다양한 사례와 문제 해결 과정을 책으로 만들어 많은 사람과 공유할 수 있다면 더 뜻깊은 일이 될 것이라 생각합니다. 홍 팀장님의 노력이 많은 사람의 문제 해결 능력을 키우고 그들의 삶에 한 줄기 빛이 될 수 있다면 바로 그것이 트리즈의 올바른 길이라고 생각합니다. 부디 깊이 생각해주시기 바랍니다.

홍 팀장은 오랜만에 김익철 선생의 강의를 들으러 갔다. 트리즈에 대한 반응이 좋자 제주 지식재산센터에서 다시 김익철 선생을 초청했다. 김익철 선생의 당당한 말씨와 열정적인 태도는 언제 들어도 좋았다.

"누구나 성공한 삶, 행복한 삶을 원하지만 실제로는 대부분의 사람이 그것을 이루지 못합니다. 가장 큰 이유는 삶에서 생기는 문제를 해결하지 못하기 때문입니다. 다시 말하자면 성공하고 행복한 사람은 문제를 해결한 사람입니다."

김익철 선생의 강의가 끝나고 홍 팀장은 조용히 앞으로 나가 인사를 건넸다.

"아이고, 오랜만입니다. 홍 팀장님."

김익철 선생이 손을 내밀었다. 홍 팀장도 김익철 선생의 손을 잡고 반갑게 흔들었다.

"선생님 메일 잘 받았습니다."

"생각은 해보셨나요?"

"네, 그런데 선생님. 제가 정말 할 수 있을까요?"

"그럼요, 홍 팀장님이 꼭 해야 하는 일이지요."

김익철 선생의 메일을 읽고 홍 팀장은 며칠 동안 밤을 새우다시피 하며 생각을 정리했다. 김익철 선생에게 들었던 강의 노트도 새로 정리하고 사례와 문제 해결 방법 또한 구체적으로 기록했다. 그리고 김 차장과 강 대리, 지혜에게 잘 이해되지 않는 부분이 있냐고 묻고 수정했다. 그렇게 정리한 것을 김익철 선생에게 다시 보냈다.

"선생님 강의가 많은 도움됐습니다. 정말 고맙습니다."

"저는 홍 팀장님 책의 첫 번째 독자로 만족합니다."

'문제를 해결하는 것은 행복해지기 위한 것이다. 문제를 해결하고 행복해지는 방법, 그것이 바로 이 책에 있다.'

홍 팀장은 한 번 더 김익철 선생의 말을 되새겼다. 이것이 많은 사람의 문제를 해결할 것이다. 불가능의 '불' 자를 태우는 심지가 될 것이다. 그리고 사람들을 행복하게 할 것이다. 그런 생각을 하자 벌써부터 가슴이 설렜다.

"문제를 직면한다고 해서 다 해결되는 것은 아니다
그러나 직면하지 않고서 해결되는 문제는 없다"

– 제임스 볼드윈

처음 시작하는 관점 바꾸기 연습

다르게 보는 힘

초판 1쇄 발행 2016년 5월 17일
초판 8쇄 발행 2022년 7월 21일

지은이 이종인
펴낸이 김선식

경영총괄 김은영
콘텐츠사업4팀장 임소연 **콘텐츠사업4팀** 황정민, 옥다애
편집관리팀 조세현, 백설희 **저작권팀** 한승빈, 김재원, 이슬
마케팅본부장 권장규 **마케팅4팀** 박태준, 문서희
미디어홍보본부장 정명찬 **홍보팀** 안지혜, 김민정, 오수미, 송현석
뉴미디어팀 허지호, 박지수, 임유나, 송희진, 홍수경 **디자인파트** 김은지, 이소영
재무관리팀 하미선, 윤이경, 김재경, 오지영, 안혜선
인사총무팀 김혜진, 황호준
제작관리팀 박상민, 최완규, 이지우, 김소영, 김진경, 양지환
물류관리팀 김형기, 김선신, 한유현, 민주홍, 전태환, 전태연, 양문현
외부스태프 표지·본문디자인 윤지은

펴낸곳 다산북스 **출판등록** 2005년 12월 23일 제313-2005-00277호
주소 경기도 파주시 회동길 490 다산북스 파주사옥 3층
전화 02-702-1724 **팩스** 02-703-2219 **이메일** dasanbooks@dasanbooks.com
홈페이지 www.dasanbooks.com **블로그** blog.naver.com/dasan_books
종이 한솔피엔에스 **출력·제본** 민언프린텍 **후가공** 평창 P&G

© 2016, 이종인

ISBN 979-11-306-0830-3 (03190)